스웨덴을 가다

스웨덴을 가다 복지국가 여행기

1판1쇄 | 2012년 10월 5일

지은이 | 박선민

펴낸이 | 박상훈
주간 | 정민용
편집장 | 안중철
책임편집 | 윤상훈
편집 | 이진실, 최미정
제작·영업 | 김재선, 박경춘

펴낸 곳 | 후마니타스(주)
등록 | 2002년 2월 19일 제300-2003-108호
주소 | 서울시 마포구 합정동 413-7번지 1층(121-883)
전화 | 편집_02.739.9929/9930 제작·영업_02.722.9960 팩스_02.733.9910
홈페이지 | www.humanitasbook.co.kr

인쇄 | 천일_031.955.8083
제본 | 일진_031.908.1407

값 13,000원

ⓒ 박선민, 2012
ISBN 978-89-6437-160-2 04300
      978-89-90106-16-2 (세트)

이 도서의 국립중앙도서관 출판시도서목록(CIP)은 e-CIP홈페이지(http://www.nl.go.kr/ecip)와
국가자료공동목록시스템(http://www.nl.go.kr/kolisnet)에서 이용하실 수 있습니다.
(CIP제어번호: CIP2012004296)

스웨덴을 가다

복지국가 여행기

박선민 지음

후마니타스

일러두기

1. 단행본, 정기간행물에는 겹낫표(『 』)를, 기사, 논문 제목에는 큰따옴표(" ")를,
   법령, 방송 프로그램, 그림 제목에는 가랑이표(⟨ ⟩)를 사용했다.
2. 스웨덴 화폐단위가 언급되는 경우, 1크로나를 165원으로 환산해 괄호 병기했다.
3. 별도의 저작권자 표시가 없는 사진은 지은이가 제공했다.
4. 본문의 글상자는 독자의 이해를 돕기 위해 편집자가 첨가했다.

차
례

저자 서문 • 6

1 내 생애 가장 멋진 열흘의 시작 • 15

2 무심하고 황량한 스웨덴의 첫인상 • 27

3 좌충우돌 스웨덴 적응 훈련 • 37

4 박물관 도시, 스톡홀름 • 57

5 사민당에서 듣는 보수당 이야기 • 81

6 청바지 입은 4선 의원의 사민당 이야기 • 105

7 노동 있는 민주주의의 뿌리, LO • 123

8 함께 살자고 말하는 경영자 단체, SAF • 147

9 보통 사람의 생활 정치가 펼쳐지는 곳, 코뮨 • 165

10 현장에서 느낀 보편 복지의 품격 • 185

11 세계적인 장애인 기업, 삼할 • 205

12 스웨덴 사회의 저력, 시민교육 기관 • 221

13 노동자들이 세운 쇠데르텐 대학에서 나눈 대화 • 233

14 나를 돌아보게 하는 고대 도시, 감라 웁살라 • 255

15 한국, 다시 출발점에서 • 273

일이 커졌다. 스웨덴 연수의 내용이 너무 아까워 정리나 좀 해놓자고 글을 쓰기 시작했다. 쓰다 보니 할 말이 많아 분량은 점점 늘어났고, 원고를 본 선배가 출판사와 만남을 주선했다. 애초 조금만 더 깊이 생각했더라면 감당하기 어려운 일이라는 것을 알았을 텐데 박상훈 대표를 만나면서 사고력이 일시 정지되었다. 후마니타스에서 책을 내주겠다는데 무엇을 망설이겠는가.

마음먹기는 쉬웠으나 글을 쓰는 과정은 고통 자체였다. 스웨덴 연수도 똑같았다. 인생이 대체로 이런 식이다. 백번쯤 '그때 못 한다고 했어야 했어.' 하고 생각했지만, 마침내 책의 서문을 쓰는 데 이르렀다. 뿌듯하기도 하고, 앞으로 어떤 일이 더 펼쳐질지 살짝 두렵기도 하다. 거우거우 열두 관문을 통과했는데 스무 관문이 더 남아 있는 기분이다.

나는 평범하다. 남들은 나를 심지 굳은 사람이라 생각하지만, 사실 나는 늘 흔들린다. 일상은 자잘하다.

역사 발전의 경로를 다 알고 있다고 믿었던 청년 시절에는 뭐든 자신만만했다. 돌아보면 어떻게 그럴 수 있었을까 싶지만, 밤길과 도둑, 성추행범 말고는 두려운 것이 없었다. 내가 꿈꾸는 '좋은 세상'이 어떤 모습인지 명확하지 않았지만 분단된 조국의 현실이 아팠고, 가난한 이들의 삶이 아렸기에 좋은 세상을 만드는 일에 일생을 바쳐도 아깝지 않았다. 평범한 중산층 가정에서 걱정 없이 자라 대학을 졸업한 서울내기가, 사랑하는 사람과 함께 평생 농민이 되어 살기로 결심했던 때이기도 했는데, 그때 가난 따위는 고려 대상이 아니었다. 우리는 정말 열심히 일했고 열정적으로 살았다.

하지만 금쪽보다 귀하게 키운 농작물은 제값을 받지 못했고, 오래지 않아 부채는 눈덩이처럼 불어났다. 전기세도, 전화요금도, 건강보험료도 제때 내지 못했다. 아이가 태어났고, 우리는 점점 더 가난해졌다. 어찌할 바를 몰랐다. 평생 농민으로 살겠다는 마음을 버리지 않았지만, 누구 말마따나 혁명은 멀고 생활은 가까웠다. 미래의 꿈이 현실의 밥이 되지는 않았다. 일상 앞에서 막연한 믿음이 얼마나 무모한 것인지 절감했다. 특히 한·칠레 자유무역협정FTA 저지 투쟁을 하면서, 농업 문제가 왜 전 국민적 화두가 되지 않는 것인지 고민했다. 식량 주권을 말하는데 도심지 교통 정체가 보도되었다. 농촌을 고향과, 농민을 부모님과 오버랩하면서도 기껏해야 '안타까움' 이상으로 공감하지 않는 도시민들을 보면서 농민만의 농민운동에서 벗어나야겠다고 결심했다.

나의 문제이니 내가 가장 중심이 되고 주인이 되는 것은 맞지만, 힘을 확장하지 않으면 백전백패할 것이라고 생각했다. 가장 좋은 방법은 정치권력을 획득하는 것이고, 그것이 만인에게 평등한 민주주의라고 믿었다. 우리가 집권한다면, 더는 청와대와 국회 앞에서 분노의 함성을 지르지 않아도 될 것 같았다. 피가 다시 끓었다. 민주노동당은 그렇게 나의 당이 되었다. 그리고 2004년 5월, 누구도 예상하지 못했지만 열 명의 국회의원이 당선되었다. 그들처럼, 나도 느닷없이 보좌관이 되었다.

아무리 집권을 꿈꾸었다 한들 '내가' 이렇게 갑자기 국가권력의 중심부로 들어오게 될 줄은 상상도 못했다. 처음에는 국회에 들어올 때마다 낯설었다. 내 개념 속에서 국회는 집회하러 오는 곳이었지, 일하러 오는 곳이 아니었다. 이 엄청난 권력을 어떻게 써야 하는지 너무나 두려웠다. 잠도 오지 않았고, 숨도 쉬기 힘들었다. 날마다 아침이 오지 않기를 바랐다. 두려움을 잊고자 더 열심히 일했다. 어쨌든 내가 열심히 일하면 사람들의 삶이 좀 더 나아지리라 여겼다.

7년은 눈 깜짝할 사이에 흘렀다. 그동안 〈기초노령연금법〉·〈노인장기요양보험법〉·〈장애인연금법〉이 제정되어 기초 노령 연금, 장기 요양 보험, 장애인 연금 제도가 도입되었고, 〈교통약자의 이동편의 증진법〉이 제정되어 장애인 이동권 보장의 첫걸음을 디뎠으며, 건강보험 보장성 강화가 화두로 등장할 만큼 '무상 의료'에 관심이 쏟아졌다. 민주노동당이 무상 의료, 무상교육을 말할 때 맹비난하거나 코웃음 쳤던 사람들이, 언제 그랬냐는 듯 복지 확대를 들고 나왔다. 마치 자신들이 처음부터 복지국가만을 말했다는 듯한 태도다. 속도 상했지만, '그래 좋다. 모두 함께 복지국가 만들기 경쟁에 나서자.'고 마음먹었다.

세상이 조금은 달라질 줄 알았다. 하지만 너도나도 복지국가를 떠드는 와중에도 대학 등록금, 병원비, 전셋값은 끝없이 올랐다. 비정규직은 늘어 가고, 청년 실업은 심각해지고, 노인과 빈곤층의 고통은 심화되었다. 생활은 점점 더 고단해졌다. 물론 복지국가를 말하는 사람들은 미래의 비전을 이야기하고 있고, 이를 통해 국민의 지지를 획득하고자 하는 것이니 악화된 삶의 현실이 오히려 그들이 내세우는 주장의 설득력을 높이는 것일 수도 있다.

진짜 문제는 그들이 아니라 나였다. 그들과 다른 '진보의 비전'을 말해야 했지만 현실 대응에서 벗어나지 못하고 있었기 때문이다. 노력과 실력은 다른 말이었고, 아무리 노력한들 나의 실력은 초라하기 그지없었다. 나만의 문제였던가. 진보 정당의 찬란한 승리는, 2004년 단 한 번으로 끝나 버렸다. 하루에도 몇 번씩 물었다. '나는 왜 지금, 여기 있는가?' 어떤 날은 '떠나지 못해서.'라고 답했고, 어떤 날은 '이기는 길이니까.'라고 답했다.

'떠나지 못해서.'라고 답한 날은 떠날 방법을 궁리했고, '이기는 길이니까.'라고 답한 날에는 이길 방법을 찾았지만, 진보 정당의 정체停滯를 지켜보며 '떠나지 못해서.'라고 답하는 날이 많아져 갔다. 견딜 수가 없었다.

스웨덴에 간 것은 '이기는 방법'을 찾고 싶어서였다. 이미 이겨 본 경험이 있는 나라에서 우리의 길을 찾고자 했다. 스웨덴 사회는 사회민주주의가 확고히 뿌리내려 있었다. 모두가 평등하다는 그들의 가치관은 사회제도에 반영되어 있었고, 연대와 합의의 정신이 살아 있었다. 그 모든 것을 만들었고, 지금도 주도하고 있는 세력은 '노동자'들이다. '좋은 세상'을 만들기 위해 동시에 출발한 노동조합·시민사회단체·사민당은 마치 이인삼각을 하는 듯했지만, 발목을 묶어 서로를 제약하는 것은 아니었다. 함께 나는 새의 형상에 가까웠다. 날개 힘이 강한 새가 기류를 만들면 뒤쪽 새가 좀 더 편안히 날 수 있고, 인도하는 쪽이 기운이 빠지면 자리를 바꿔 힘을 보충할 수 있게 해주니 무리 전체가 빠르게, 덜 힘들게 날 수 있다. 이들은 혼자였다면 할 수 없었을, 적어도 매우 힘들게 달성했을 일을 함께해 냈다.

스웨덴은 힘을 모으면 모든 것이 가능하다는 증명이었다. 2008년 민주노동당의 분당이 가슴 아팠던 이유는, 진보 진영을 모조리 갈라놨기 때문이다. 지지 기반을 허물어뜨릴뿐더러 소멸을 자초하는 길로 여겨졌다. 진보 정당이 사라진다면, 일상의 작은 일에도 흔들리는 나는 어떻게 살아야 할까? 우리는 냉혹한 현실을 견뎌 낼 수 있을까? 떠올리고 싶지 않은 악몽이었다.

스웨덴을 다녀온 지 1년 반의 시간이 흘렀다. 그동안 민주노동당은 통합진보당이 되었다. 우여곡절 끝에 간절히 원했던 통합을 했으나 '통합'은 끝이 아니었다. 갈 길이 많이 남았다.

내게도 변화가 있었다. 나는 곽정숙 의원 보좌관 임기를 마치고 박원석 의원실에서 일하고 있다. 17대, 18대에 이어 19대 국회의원 보좌관으로 세 번째 임기를 이어 간다. 그리고 나는 이제 통합진보당 당원이 아니다. 진보 정당을 둘러싼 상황은 더할 나위 없이 아프지만 그래도 이제는 어지럽지 않다. 내가 지금 왜 이곳에 있는지 의문은 사라졌다. 스웨덴의 기억은 내게 '이길 수 있다.'고 속삭인다.

열흘간의 여정을 함께했던 이정미, 김일영, 최철원, 이도화, 기현주에게 깊은 감사를 표한다. 모두가 함께 준비하고, 함께 나누었던 내용을 내 것으로 챙겼다. '지적재산권'의 공동소유를 주장하지 않고 하나같이 뜨겁게 성원해 주고 격려해 주었으니, 수준 높은 인격의 소유자들임이 분명하다.

올해로 만난 지 꼭 21년이 되는 최철원 선배가 없었다면 이 책은 빛을 보지 못했을 것이다. 일 벌리기 좋아하는 그의 성격이 이번에도 대형 사고를 쳤다. 글이 막힐 때면 이렇게 어렵고 힘든 일을 하게 만들었다고 투덜거렸지만, 사실 고맙다는 말을 하고 싶었다.

이정미 선배의 변함없이 따뜻한 시선은 그 무엇보다 큰 격려였다. 선배와 처음 만나던 날, 나는 밭두렁에서 금방 뜯어 온 민들레를 무쳐 소박하기 그지없는 밥상을 차려 줬고, 맛깔나게 먹는 그이의 모습에 우리 관계가 오래갈 것을 예감했다. 나는 누구에게나 당당히 말할 수 있다. 이정미는 내가 아는 가장 멋진 여성 정치인이라고.

똑똑하고 성질 급한 김일영 선배는 많은 일을 척척 처리하는 능력이 뛰어나다. 선배가 하는 일은 늘 믿을 수 있다. 어쩌다 선배에게 칭찬을 받으면 나도 일을 꽤 잘하는구나 싶어 뿌듯했다. 지금은 '마을 살리기'에 매진하고 있다. 서울시가 마을 공동체 복원에 성공한다면 나는 그의 급한 성격에 감사할 것이다.

이도화, 기현주. 굼뜨고 둔한 나는, 에너지 넘치는 이들에게 매일 감탄한다. 어쩌면 그렇게 많은 사람들을 만나고, 다양한 모임을 하면서도 늘 열정적일 수 있는지 이들을 보면 나이와 상관없이 청춘이란 저런 것이지 싶다. 매사에 진지한 선배들이 조성하는 무거운 분위기를 깨는 데도 한몫했으니 스웨덴에서의 시간이 심연의 늪으로 가라앉지 않았던 것은 이들의 덕이다.

가족들은 변화와 낯선 환경을 두려워하는 나에게 늘 든든한 안식처가 되어 준다(물론 종종, 사실은 꽤 자주 폭풍우 몰아치는 들판이 되기도 하지만). 퇴근 후 밥하고, 설거지하고, 청소하고, '숙제 해라', '목욕해라', '양치질해라', '빨리 자라' 잔소리 4종 세트를 쏟아붓고 나야 비로소 컴퓨터 앞에 앉아 원고를 쓸 수 있었으니, 조금이라도 더 빨리 원고를 쓰고 싶은 욕심에 밤이 깊어 가면 마녀로 변하는 엄마를 참아 주느라 고생했다. 우리 아이들. 그리고 이창한 씨. 이름을 부르는 것만으로도 여전히 가슴이 뛰는 사람. 고마워요, 당신.

박상훈 대표와 윤상훈 편집자를 비롯한 후마니타스 출판사 분들께도 감사드린다. 거친 글이 고운 책이 되는 놀라운 과정을 목도했다. 부디 이 책이 그들의 노동에 부끄러운 결과물이 아니길 바란다.

시상식에서 대상 탄 것도 아닌데 고마운 사람들이 줄줄이 생각난다.

지금까지 참 많은 것을 받고 살았다.

글은 나를 있는 그대로 보여 준다. 그건 불편하고, 매우 어색한 일이다. 친한 사람과 말하다 실수한 것도 두고두고 후회하는 성격인데, 불특정 다수가 읽을 책을 내다니. 치명적 실수가 있지는 않을지 노심초사하고 있다. 많은 저자들이 서문에 "이 책에 오류가 있다면 전적으로 필자의 책임"이라고 쓰던데 나는 도저히 그런 말은 못하겠다. 혹여 있을(있을 것이 거의 확실한) 오류에 대한 책임을 나한테 묻지 않았으면 좋겠다(는 마음이지만 나한테 물을 수밖에 없지 않나. 그래서 가슴이 두근두근하다). 오류가 없을 것을 기대하기보다 기왕이면 책이 많이 팔려서, 재판에서는 오류를 정정할 수 있기를 바란다. 어이없게도.

성미산마을과 여의도를 오가며
박선민

복지국가 여행기
SWEDEN
1

내 생애 가장 멋진 열흘의 시작

4년짜리 지옥의 순환 궤도를 두 바퀴 가까이 돌았을 무렵, 국회에서 선정하는 해외 연수 대상자가 되었다는 소식을 들었다. 곧바로 스웨덴을 떠올렸다. 사회복지 전공자도 아닌 사람이 보건복지위원회 소속 국회의원 보좌관으로 만 7년을 일했다. 스웨덴은 막연히 상상만 해온 내 머릿속 이상향이었다. 우리가 줄곧 주장해 온 무상 의료, 무상교육을 현실화한 나라가 지구상에 존재한다는 것만으로도 든든했으니까. 진보 정당을 통해 더 나은 한국 사회를 만들겠다는 사람 6명이 모여, 바로 그 복지국가 스웨덴으로 **떠 났 다.**

내가 스웨덴에 간 이유

오랫동안 스웨덴에 가고 싶었지만, 정말로 가게 될 줄은 몰랐다. "다시 학생이 되면 공부만 열심히 할 거예요."라거나, "직장 생활 집어치우고 (이때는 꼭 '집어치우고'라는 단어를 써야 한다) 몰디브로 떠날까 해요."라는 말을 한다고 해서 그것이 실현되리라고 생각하지 않는 것처럼 말이다. 지구 반대편의 스톡홀름은, 서울에서 스톡홀름까지의 거리만큼 나의 현실에서 멀리 떨어져 있었다.

  잘 맞물린 톱니바퀴처럼 돌아가는 국회 일정은 14시간 비행기를 타고 타국 땅에 발을 디뎌도 될 만큼 시간을 허락하지 않는다. '임시회 준비, 임시회, 임시회 준비, 임시회, 정기회 준비, 정기회, 다시 임시회 준비, 임시회'로 이어지는 지옥의 순환 궤도를 4년 동안 무한 질주하는 곳이 국회다. 사이사이 정부가 헛발질을 하거나 세상 이목이 집중되는 사건이라도 발생하면 롤러코스터의 360도 회전만큼 아찔해진다. 스릴만큼은 가히 최강의 직종이다.

  이러니 오랜 기간 국회에서 일하다 그만둔 보좌관들이 제일 먼저 하는 일은 약속이나 한 듯 하나같이 장기간의 여행이다. 들리는 말로는 여행에서 돌아오면 다시 인간이 될 수 있다고 한다. 말하자면 여행이란, 보좌관이 인간 세계로 되돌아가는 여정인 것이다.

2010년 국회에서 선정하는 해외 연수 대상자가 되었다는 이야기를 들었을 때, 스웨덴을 떠올렸다. 사회복지 전공자도 아닌 사람이 보건복지위원회 소속 국회의원 보좌관으로 만 7년을 일했다. 나는 국회에서 일하기 직전 전북 김제에서 농사를 짓고 있었다. 겨우내 애지중지 키운 애호박을 막 수확하려는 시점에 8년 농사를 뒤로하고, 진보 정당에서 일하겠다고 서울로 올라왔다. 2004년 5월, 민주노동당이 열 명의 국회의원을 당선시켜 처음으로 국회에 진출했을 때였다. 진보 정당 첫 국회의원의 첫 보좌관이었다. 국회 이메일을 어떻게 사용하는지 가르쳐 주는 사람조차 없었다. 아무것도 모르는 상태에서 업무는 시작되었고, 한번 시작된 업무는 멈출 줄 모른 채 가속도를 냈다.

'첫 번째'의 책무는 막중했다. 그전까지 진보 진영이 특정 사안이나 정부의 정책 집행에 대해 반대하는, 이른바 '대정부 투쟁' 방식으로 활동해 왔다면, 원내에 진출한 이후에는 문제를 제기하는 동시에 대안도 제시해야 했다. '원칙'을 말하면 '현실'이 되돌아왔다. 원외 투쟁은 목표를 향한 '가치 지향'만으로도 충분했지만 원내 투쟁은 현실 정치이기에 더욱더 탄탄하고 정교한 논리가 필요했다. 사실, 많은 경우 집권 여당의 일방적인 강행 처리에 맞서 국회 안에서도 강력한 '행동'이 반대 의견과 동반되었지만 어느 순간에도 논리적으로 우위에 있어야 했다. 전문가 못지않게 정책에 정통해야 했으며 중요한 사안에 대해 순간마다 판단을 내려야 했다. 우리의 실수가, 또는 무능력이 사람들의 삶에 직접적으로 영향을 미친다는 사실은 신경을 바싹바싹 타들어 가게 했다.

긴장의 끈을 놓을 수 없는 국회는 전쟁터의 최전선이었고, 의원실은 야전 사령부였다(군사적 표현이 싫지만, 다른 비유를 찾기가 어렵다). 관련 단체와 노동조합, 시민사회 진영은 더할 나위 없이 든든한 버팀목이었지만 우리는 또한 이들에게 '대답'도 해야 했다. 답을 찾기 위해 교수, 연구원 등 전문가들과 현장 활동가들에게 묻고 또 물었다. 어느 날은 도저히 시간이 안 된다는 교수님을 만나기 위해 밤 11시에 댁 앞으로 가기도 했다. 몇 줄의 질의문을 쓰기 위해 산더미 같은 자료 뭉치와 씨름했다. 내용 면에서 턱없이 부족하니 시간의 양으로 승부할 수밖에 없어 부지기수 날밤을 샜다. 민주노동당 의원실은 24시간 불이 꺼지지 않는다는 전설을 남기며 계절이 오는지 가는지 모른 채 지독하게 일했다. 그렇게 7년이 흘렀다. 현안 대응을 넘어서는 '복지 정책'에 대한 욕구가 왜 생기지 않았겠는가.

스웨덴은 막연히 상상만 해온 내 머릿속 이상향의 나라였다. 민주노동당이 줄곧 주장해 온 무상 의료, 무상교육을 현실화한 나라가 지구상에 존재한다는 것만으로도 힘이 되었다. 적어도 우리가 밤 12시면 사라지는 '신데렐라의 호박 마차' 같은 이야기를 하고 있는 것이 아님을 증명하고 있기 때문이다. 스웨덴은 자본가의 생산수단 소유를 인정한다는 면에서는 '자본주의'이고, 분배의 정의를 제도적으로 실현하고 있다는 점에서는 '사회주의'라 할 수 있다. 자본주의와 사회주의의 절충형인 스웨덴식 사회체제를 '사회민주주의'라고 하며 사회학적으로는

반*사회주의형 국가로 분류한다. '짬짜면'도 아니고 반만 사회주의
인 나라라니 가만 생각해 보면 웃기다. '우리는 반만 합시다.'라
고 국민 모두가 합의했다는 것 아닌가. 모 아니면 도, 혹 아니면 백
의 구분에 익숙한 대한민국 사회에서 40년을 살아온 나로서는 회색 지
대에 대한 전 국민적 합의가 신기할 따름이다.

어쨌든 스웨덴은 누가 뭐래도 '복지국가의 모델'로 거론되는 나라다.
고소득자에 대한 높은 세금을 바탕으로 보육, 교육, 의료, 연금, 각종
사회복지 서비스를 국가가 거의 무상으로 제공하고 있다. 복지 정책을
펼치는 사람으로서 내 눈으로 직접 확인하고, 배워 오고 싶은 것은 당
연한 욕구였다. 두말할 나위도 없었다. 나의 해외 연수지는 무조건 '스
웨덴'이다.

환불·변경 불가 항공권의 힘

결정은 쉬웠지만, 준비는 더할 나위 없이 어려웠다. 스웨덴에 사는 지
인이 한 명도 없는 상태에서 떠날 준비를 하는 것은 그야말로 '무에서
유를 창조'하는 과정이었다. 지금 생각해도 일정을 성공적으로 마칠
수 있었던 것은 기적이다. 함께했던 일행 중 누군가가 신의 가호를 받
고 있음이 틀림없다.

첫 번째 과제는 같이 갈 사람을 모으는 것이었다. 목표 인원 열 명.
현지에서 '미니버스'라도 대절해서 다니려면 이 정도 인원이 적당할 것

같았다(미니버스야말로 신데렐라의 호박 마차 같은 생각이었다. 미니버스를 빌리고 기사를 뒀다면 천문학적인 액수가 소요될 뻔했다. 그저 두 발로 걷고 지하철을 타는 것이 가난한 이들에게는 최선의 이동 수단이었다). 처음에는 순조로웠다. 그 어느 때보다 보편적 복지국가에 대한 관심이 뜨거웠던 터라 '스웨덴'이라고 슬쩍 말을 흘리면 너도나도 간다고 했다. 간다고 한 사람들이 다 갔다면 전세기를 띄워야 했을 것이다. 막상 항공편을 예매할 때에는 여섯 명만 남았다.

심지어 그중 한 명은 항공편 예매 후에도 갈까 말까 고심을 거듭했다. 수개월 전부터 계획해 온 대학원 면접 일정이 하필이면 스웨덴에 있을 때로 잡혔기 때문이다. 스웨덴에 가기 위해 대학원을 포기하느냐 마느냐의 갈림길이었다. 인생에서 결단의 순간은, 언제나 가장 오지 않았으면 하는 때에 온다. 결국 그이는 스웨덴에 가는 것을 택했다. 그 이유를 정확히 알 수는 없으나 환불·변경 불가 항공권을 예매한 것이 영향을 미치지 않았나 싶다. 지금 망설이고 있다면, '환불·변경 불가 티켓'을 끊는 것도 하나의 방법일 수 있다. 나는 지금까지 세 번 끊었다. 한 번은 농민운동, 다음은 민주노동당, 마지막이 스웨덴이다. 인생에서, 가끔은 외통수를 택해야 한다.

함께하기로 한 여섯 명 중 세 명은 당시 민주노동당 보건복지위원회 소속 의원실에서 일하는 보좌관들이었다. 나머지 세 명의 직업은 다양했다. 어쩌다 스웨덴에 같이 가게 되었느냐고 물으면 어느 누구도 분명히 대답하기 어렵다. 많은 경우 우연이 인연을 낳는다. 우리의 공통분모는 '더 나은 한국 사회를 만들고 싶다.'는 것이었다. 그리고 모두

민주노동당 당원이었다. 진보 정당을 통해 더 나은 한국 사회를 만들고 싶은 사람들이 모여 복지국가 스웨덴으로 떠났다. 우리가 정한 연수의 주제는 "한국 사회의 미래, 평등과 연대의 복지국가 스웨덴에서 배운다."였다. 멋지다.

일정을 준비하면서 마주친 최고 복병은 '코디네이터 섭외'였다. 해외 연수의 승패를 좌우하는 것은 현지 코디네이터다. 연수팀의 연수 의도를 정확히 파악하는 감각과 뛰어난 섭외력을 갖춘 현지 거주 한인을 만난다면 그다음은 만사형통이다. 우리는 스웨덴에 대한 인적 정보가 없었으므로(도대체 있는 게 뭐야. 돈도 없고, 시간도 없고, 아는 것도 없고) 최근 스웨덴에 다녀온 사람을 찾는 것이 관건이었다. "누가 얼마 전 스웨덴에 갔다 왔다."고 해서 그 사람에게 연락하면 "나는 안 갔고, ○○○가 갔다."고 한다. 그래서 ○○○에게 연락하면 "가긴 갔지만 준비는 다른 사람이 해서 나는 잘 모른다. △△△에게 물어봐라."라고 한다. 그래서 △△△에게 연락하니 "네, 도와드려야죠. 연락처를 알아봐 드릴게요." 라고 하고선 감감무소식이었다. 이때 결심했다. '내가 스웨덴을 다녀온다면 제대로 된 기록을 남기겠어. 내 뒤에 가는 사람이 정보가 없어서 헤매는 일은 없도록 하겠어.'

이런저런 경로를 이차 저차 거쳐 통역과 일정 진행을 맡아 줄 현지 코디네이터를 소개받았다. 이때까지만 해도 일이 일사천리로 진행될 줄 알았다. 하지만 우여곡절의 연습 편에 불과했다. 코디네이터와 이메일과 전화로 현지 일정에 대해 의논하면서 비용에 관한 협의도 하게 되었다. 코디네이터가 제시한 금액은 상상을 초월했다. 맙소사. 한순간에 정신적 공황 상태에 빠진 우리는, 복지국가 스웨덴에 대한 부푼 기대마저 와장창 깨졌다. 도대체 이 나라의 정체는 무엇이란 말인가. 코디네이터는 통상적인 기준 비용을 제시한 것이니, 실제 소요되는 비용은 추후 협의하자고 했지만, '기준 비용'을 들은 것만으로 협의할 의욕조차 잃었다. 스웨덴의 인건비 책정 기준은 한국과는 매우 다른 듯했다(우리가 예상한 금액보다 동그라미가 하나 더 붙어 있었다). 게다가 방문지를 추가로 섭외할 때마다 비용이 별도로 청구되며, 통역은 통역만을 하는 것이므로 통역 시간 외 관광 가이드는 할 수 없다고 했다. 그의 이런 태도는 서양인들의 일반적인 업무 처리 방식이겠지만 그래도 낯설었다.

하지만 생각해 보면, '당신이 비용을 지불하는, 나의 노동의 범위를 명확히 하자.'는 노동자의 요구는 당연한 것 아닌가. 나는 비용을 지불했으니 그 사람의 스물네 시간이 나의 것이라고 착각했고, 준비 과정의 노동은 일종의 '끼워 주기' 상품으로 여겼다. 무급 노동에 무감각한 '사용자'의 입장에서 사고했던 것이다(미워하면서 닮아 간다더니, 뭐 이런 걸 배웠을까).

반성은 했지만, 그럼에도 감당할 수 있는 비용은 아니었다. 인터넷 검색을 통해 알아본 숙박비와 식비도 좌절감을 더했다. 누군가의 여행 후기에 쓰인 "런던은 세계적으로 물가가 비싼 도시 중 하나다. 스톡홀름의 물가는 런던보다 월등히 비싸다."는 글은 우리를 망연자실하게 했다. 최대한 비용을 절감할 방법을 찾아야 했다. 현지 코디네이터 분께는 죄송하다는 말씀을 전하고 우리가 직접 진행하기로 했다

(물론 그분께 비용 때문이라고 하지는 못하고, 어쭙잖은 이유를 대며 얼버무렸다).

사실 이때 우리의 각오로는 시베리아나 사하라사막으로 떠난다 해도 두렵지 않았다. 힘이야 들겠지만 직접 진행하는 것이 크게 어려울 것 같지도 않았다(이게 얼마나 큰 후과를 낳게 될지 이때는 몰랐다. 백만 번을 생각해도 코디네이터와 함께해야 했다. 특히 스웨덴에 다녀온 다른 사람들의 후기에 종종 등장하는, 이분에 대한 감사 인사와 칭찬을 볼 때마다 후회가 물밀듯 밀려왔다). 코디네이터를 취소하고 난 뒤 마음이 바빠졌다. 일정이 두어 달도 남지 않은 시점이라 아주 신속하게 방문지를 섭외해야 했다. 이때 영어 잘하는 후배가 톡톡한 역할을 했다. 직장 퇴근 후에 이메일과 전화를 통한 말도 안 되는 섭외를 투덜거리지 않고 맡아 준 후배에게 특별한 감사를, 특별히 전한다(이케아 칼로 우리의 마음이 전해졌나 모르겠다).

중요한 것은 서울에서 스톡홀름 현지 섭외가 가능하다는 사실이다. 코디네이터에게 전적으로 의뢰하면 편하긴 하겠지만 원하는 대로 욕심껏 일정을 구성하지는 못했을 것이다. 우리는 연수 일정에 우리가 가고 싶은 방문지, 만나고 싶은 사람을 거의 빠짐없이 넣었다. 또한 섭외를 위해서는 우리가 당신들을 왜 만나려고 하는지, 만나서 어떤 대화를 나눌 것인지를 적은 공문을 미리 보내야 했기에 가기 전에 고민하고, 토론하고, 공부할 수밖에 없었다. 직접 섭외의 가장 큰 매력은 여기에 있다. 자료를 하도 많이 읽다 보니까 '여기서 공부를 다 하면 스웨덴 가서는 뭘 배우지?' 싶은 생각이 들 정도였다(그래서 나중에는 좀 대충 했다).

준비 과정에서 우리의 최대 고민은 비용 절감이었다. 스웨덴 사람들은 모두 영어를 할 수 있다고 하니 영어 통역자와 한국에서부터 함께 가는 것이 오히려 비용이 적게 들 것 같았다. 그래서 영어 통역자를 찾기 시작했다. 일행 중 한 명인 김일영 씨(이럴 때는 꼭 실명을 거론해 줘야 한다)가 영어 잘하는 사람은 많다고 걱정하지 말라고 했다. 그러나 그 많다는 영어 잘하는 사람은 다 어디로 갔는지, 미리 잡아 놓았던 저렴한 항공권은 매진되고, 다시 예약해 놓은 항공권까지 날리면 거의 두 배의 항공료를 내고 가야 할 상황이 될 때까지 영어 통역자는 구해지지 않았다. 마음만 바싹바싹 탔다. 스웨덴 국왕을 만난들 스웨덴어라고는 한마디도 못하는 여섯 명이 무엇을 할 것인가. 다급해지니 영어든 스웨덴어든 무조건 일정이 맞는 사람을 닥치는 대로 알아봤다.

계획이 무산될 처지까지 몰리고서야 가까스로 스웨덴어 통역을 구하게 되었다. 스웨덴 노동정책에 대해 쓴 글을 보고 궁금한 점을 문의하느라 연락했던 스웨덴 거주 연구원이 통역을 맡아 주겠다고 했다. 그때는 이미 많은 것을 검토할 처지가 아니었다. 결국 통역 비용은 애초 현지 코디네이터가 제시한 금액과 비슷하게 지불했다. 두 달의 시간만 날린 것이다. 스웨덴을 너무 몰라 생긴 일이다. 스웨덴에서는 배관공을 불러서 수도를 고치면 비용이 너무 많이 들어 어지간한 집수리는 직접 한다고 한다. 물가도 물가지만, 인건비가 워낙 비싼 나라였다.

스웨덴에 가서 보니 영어 가능자보다는 스웨덴어 통역자가 좋았다. 스웨덴이 영어권 나라라고 생각했던 것은 일종의 착각이었다. 스웨덴은 영어를 할 수 있는 '스웨덴어' 나라다. 전 국민의 90퍼센트가 영어를 할 수 있다고는 하나 그들에게도 영어는 외국어인 것이다. 스웨덴에 연수를 가려거든 스웨덴어 통역을 구하는 것이 좋을 것이다(금액은 상상을 초월하겠지만). 또한 가능하다면 전문 통역사를 구하기를 바란다. 스웨덴에 오래 거주한 한인은 스웨덴어는 잘하는지 몰라도(이건 검증이 안 되니 알 수 없고) 한국어 실력은 기대치에 못 미칠 수 있다. 해외 연수의 질은 통역이 담보한다 해도 과언이 아니니 통역에 신경을 많이 써야 한다. 누군가의 연수 후기에 올라 있는 '칭찬 일색'의 통역사를 소개받는 것이 위험부담을 최소화하는 길이다.

어마어마한 일정을 확정하고, 통역과 민박을 구하고, 인천공항에서 비행기에 타면서 비로소 안도의 숨을 쉴 수 있었다. 정말 가는구나. 마침내 스웨덴을. 비행기 안에서 경건한 마음으로 생각했다. '스웨덴의 모든 것을 배우고 오자.' 그사이 비행기는 이륙했고, 줄리아 로버츠가 나오는 영화 〈먹고 기도하고 사랑하라〉를 보며 기내식을 먹었다. 기도도 했고 먹기도 했으니 이제 사랑만 하면 된다. 내 생애 가장 멋진 열흘의 시작이었다.

복지국가 여행기
SWEDEN
2

무심하고 황량한 스웨덴의 첫인상

스톡홀름 알란다 공항은 김포공항보다도 작은 듯했다. 어디로 봐도 한 나라의 수도에 위치한 국제공항 같지는 않았다. 공항에서 빠져나가는 도로 주변에는 **북 방 의   나 라 답 게   눈 이   소 복 하 게   쌓 여   있 었 다.** 이국적이고 몽환적인 설정 앞에 입을 다물지 못하고 푹 빠졌지만, 앞으로 일주일 동안 지긋지긋하게 보게 될 풍경이기도 했다. 어디선가 '눈의 여왕'이 마차를 타고 나타나는 것은 아닐까 생각하다 시계를 보니, 새벽 1시. 행여 눈의 여왕이 나타난다면 '굿 모닝'이라고 해야 할지, '굿 이브닝'이라고 해야 할지 살짝 고민스러웠다.

● 스웨덴의 무심한 환영　● '훈남' 스웨덴 청년이 살고 있는 민박집

스 웨 덴 의 무 심 한 환 영

스톡홀름 알란다 공항은 크지 않았다. 환승하기 위해 잠깐 머물렀던 독일 프랑크푸르트 공항도 상당히 큰 공항이기는 했지만, 인천국제공항보다 크게 느껴지지는 않았다. 이걸 자랑스러워해야 할지 민망해해야 할지 모르겠는 기분이었다. 해외에서 삼성 광고를 보았을 때의 기분과 비슷했다. 세계적으로 유명한 대기업이 우리나라 기업이라는 데서 묘한 자부심이 느껴지기는 하지만 그렇다고 썩 유쾌하지만은 않았다. '우리나라'의 기업이지만 '우리'의 기업은 아니고, 더 정확히는 '우리나라 기업주'의 기업이기 때문일 거다. 어쨌든 공항의 규모가 크다는 것이 국력과 직접적인 연관이 있는 것은 아니라는 생각이 들었다.

알란다 공항은 김포공항보다도 작아 보였다. 한적한 지방 중소도시 공항 같다고 할까? 어디로 봐도 한 나라의 수도에 위치한 국제공항 같지는 않았다. 심지어 여기서는 입국 도장도 찍어 주지 않았다. 프랑크푸르트에서 갈아탈 때 도장을 찍어 주긴 했지만, 돈은 유럽 공용 화폐인 유로Euro 안 쓰고, 자국 통화인 크로나Krona만 쓴다면서 왜 도장만 유럽 공용인지 모를 일이다. 게다가 입국 심사도 없었다. 왜 왔는지 형식적인 질문이라도 해줘야 하는 거 아닌가 싶을 정도였다. 우리는 비행기에서 내릴 때 무뚝뚝한 독일 승무원의 잘 가라는 인사를 끝으로 공항 직원을 만나지 못했다. 알아서 짐 찾고, 알아서 출구 찾고, 알아서 대중교통 검색하다가, 알아서 공항을 빠져나와, 알아서 택시를 잡아탔다. 우리가 오건 말건 아무 상관 안 하는 나라. 스웨덴의 첫인상이었다(제발, 환영 좀 해달라고. 넉 달 전부터 준비하고, 스웨덴 관련 책도 다 읽고, 교수님 모셔다 세미나도 하고, 무엇보다 비행기 타고 열두 시간을 왔단 말이다). 공항은 정말이지 더할 나위 없이 썰렁했다.

공항 밖으로 나갔다. 무시무시한 추위를 각오하고 있었는데 스웨덴의 밤은 생각보다 춥지 않았다. 답답한 공항 안의 공기보다 상쾌했다. 기분 좋은 추위였다. 택시 타는 곳을 찾았다. 공항이 워낙 작으니 찾기가 어렵지는 않았다. 그런데, 이게 웬걸. 10여 명의 사람들이 줄을 서 있는 것이 아닌가. 아무 표지판도 없는 곳이었다. 택시가 앞에 서는 걸 보고서야 택시 정거장임을 구분할 수 있는 눈 덮인 도로 한복판에, 택시는 없고 사람들만 줄지어 있었다. 택시는 가뭄에 콩 나듯 띄엄띄엄 들어왔고, 사람이 택시를 한없이 기다리는 상황이었다. 아무도 환영해 주지 않는 공항에 걸맞은 택시 정거장이었다. 짧지 않은 시간을 기다려 드디어 우리 차례가 되어 택시를 타고 숙소로 향했다. 공항에서 숙소까지 20분 정도 걸렸는데 택시비는 375크로나(약 6만2천 원)가 나왔다. 택시에 미터기가 따로 있지는 않았고, 종이에 쓰인 요금표를 보여 주며 해당 구간 요금을 내라고 했다. 아날로그 방식이 좀 당황스러웠다.

머무는 동안 종종 아날로그와 마주칠 수 있었다. 종이 지하철 표는 지하철이 개통했을 때부터 사용하던 것 같았다(종이 지하철 표는 총 8회 이용할 수 있다. 교통 카드를 다 쓰고 나면 남는 하루 동안 사용하려고 끊은 것이다. 스웨덴에도 버스와 전철을 일주일 동안 마음껏 이용할 수 있는 교통 카드가 있는데, 사용 횟수 제한이 없다는 점은 다른 역에 잘못 내렸을 때 진가를 발휘한다). 숫자가 쓰여 있는 종이띠에 일일이 도장을 찍어 줬다. 지하철 표를 검수하는 역무원도 지하철이 개통했을 때부터 근무한 것 같았다. 얼굴은 젊었지만 풍기는 분위기하며, 적어도 복장은 그러했다. 그대로 스칸센 박물관으로 옮겨 놔도 손색이 없어 보였다.

우리나라도 20년 전쯤에는 사람이 직접 종이표에 구멍을 뚫어 주는 방식으로 검수했었다. 그때 지하철역에 근무하던 그 많은 역무원들은 다 어디로 갔을까? 지하철이 들어오면 깃발을 흔들며 사람들을 한 발 뒤로 물러서게 하고, 사람들이 모두 승차한 것을 확인한 뒤 출발 수신호를 보내던 그 역무원들은 다 어디로 갔을까? 늦은 밤이 되면 지하철 안을 오가며 잠자는 사람을 일으키던 그 역무원들은 다 어디로 갔을까? 아날로그의 미학은 사람이 사람을 향하게 한다는 데 있다. 자동화된 기계가 결코 대신할 수 없는 시선의 마주침이다.

스웨덴에서 택시는 입국할 때와 출국할 때 딱 두 번 탔다. 입이 절로 벌어지는 요금을 경험하고 나니 택시를 타겠다는 생각도 안 들었지만, 시내 어디에서 택시를 타는 건지 도통 알 수가 없었고, 길거리에 돌아다니는 빈 택시도 눈에 띄지 않았다. 스톡홀름 안에 택시가 네다섯 대밖에 없는 것은 아닌지 의심스러웠다. 일단 자동차 자체가 많지 않았다. 자동차를 다들 가지고는 있지만 도심지에 주차 공간이 없어 대부분 대중교통을 이용한다고 한다. 기분이 약간 이상했다. 내가 찾아온 나라가 선진국이 맞나? 한 시대를 거슬러 온 것이 아닌가 싶었다.

'훈남' 스웨덴 청년이 살고 있는 민박집

공항에서 빠져나가는 도로 주변에는 북방의 나라답게 눈이 소복하게 쌓여 있었다. 설경이다. 앞으로 일주일 동안 지긋지긋하게 보게 될 정경이다. 허나, 첫날인 만큼 입이 다물어지지 않았다. 눈 쌓인 풍경 자체가 이국적이면서 몽환적이었다. 어디선가 '눈의 여왕'이 마차를 타고 나타날 것 같았다. 어쩌면 여기는 스웨덴이 아니라 '나니아'일지도 모른다고 생각했다. 우랄산맥 상공 어디쯤에 다른 세계로 빠지는 구멍이 있었을지도 모를 일이지 않나. 새벽 1시, 이 시각에 눈의 여왕이 나타난다면 '굿 모닝'이라고 해야 하나, '굿 이브닝'이라고 해야 하나 살짝 고민이 되었다.

오래지 않아 숙소에 도착했다. 엠마 왓슨과 영화라도 찍다가 온 듯한 스웨덴 청년이 길가에 나와 기다리고 있었다. 스웨덴에 오기를 참 잘했다는 생각이 들었다. 숙소는 아파트 민박이었다. 이런 걸 뭐라고 불러야 하나. 인터넷 검색을 하면 나오는 공식 용어는 '한인 민박'이다. 현지에 거주하는 한국인이 운영하는 민박집이다. 마침 우리 말고는 숙박객이 없어 아파트를 통째로 빌려 쓰는 거나 마찬가지였다.

커다란 거실과 부엌, 욕실이 온통 우리 차지였다. 노란 백열등의 간접 조명과, 이중창도 아닌데 방음·방풍이 완벽한 창문, 그리고 복도식 부엌 구조와 거실 한가운데 놓인 넉넉한 소파까지 모든 것이 마음에 들었다. '우리 연수가 성공한다면, 이 민박집 덕분일 거야.'라는 말도 안 되는 생각을 결국 참지 못하고 입 밖에 꺼내고 말았다. 일행 모두가 그 말을 기다렸다는 듯 적극적으로 동의했다(이런 황당한 의견에 마음 모으지 말라고).

스웨덴인 외모의 민박집 청년은 한국말을 매우 잘했다. 평소 숙소를 운영하던 어머니가 한국에 간 터라 자기가 대신 손님 접대를 한다고 했다. 대학을 졸업해 직장에 다닌다고 자신을 소개했다. 놀라웠다. 내가 여행을 떠나면서 "아들, 오늘 새벽 1시에 손님이 올 거야. 바깥 날씨는 영하 10도밖에 안 되니까 나가서 기다려. 손님들 오시면 웃으면서 안내하고, 시차 적응이 안 되었을 테니 새벽 3시 정도까지는 이 얘기 저 얘기 하고 놀아 드려야 해."라고 말했다면, 우리 아들이 "네, 엄마. 걱정 말고 재미있게 다녀오세요."라고 했을까? 생각할수록 부정적이다(아들, 스웨덴 청년처럼 커줄 수 없겠니? 훈훈하다 훈훈해).

일행들은, 특히 여성 일행들은 이런 나의 태도에 경악을 금치 못했다. 저렇게 멋진 남성을 앞에 두고 어떻게 아들을 오버랩할 수 있느냐는 거였다. 나는 암만 봐도 아들 생각만 나더라만, 당신들은 도대체 뭘 상상하는 건데?

스웨덴의 첫날은 이렇게 저물었다. 숙소는 조금 추웠다. 스웨덴은 원래 그러려니 하고 내복 두 벌 입고 참았다. 생각해 보니 스웨덴은 원

도로 주변에는 북방의 나라답게 눈이 소복하게 쌓여 있었다. 설경이다.
앞으로 일주일 동안 지긋지긋하게 보게 될 정경이다.

래 그러려니 하고 참았던 것이 하나둘이 아니다. 사실 숙소는 정말 추
웠다. 조명은 너무 어두웠고, 컴퓨터는 속 터지게 느렸다. 그리고 무엇
보다 고장 난 샤워 꼭지는 제발 바꿔 달라고.

복지국가 여행기
SWEDEN
3

좌충우돌 스웨덴 적응 훈련

스웨덴에서의 첫 외식이 이 나라에는 나지도 않는 바나나 튀김일 줄은 상상도 못했다. 식 당 에 서 가 방 을 도 둑 맞 게 될줄 도 몰 랐 다. 그곳이 스톡홀름에서 지갑을 조심해야 하는 두 군데 중 하나라는 사실은 너무 늦게 알았다. 전철역에선 유모차를 밀고 가던 부부가 안전한 엘리베이터 대신 에스컬레이터를 타게 만든 '냄새'를 확인했다. 어느덧 주변이 깜깜해지기에 시계를 보니, 이제야 오후 3시. 와인 잔이라도 기울이며 긴 밤을 보내자고 슈퍼를 찾아갔건만, 우리가 찾아낸 건 '와인 맛' 주스뿐이었다.

● 복지 천국에도 도둑은 있다 ● 땅 넓고, 소득 많고, 행복하고, 세금이 엄청난 나라 [살트셰바덴 협약, 스웨덴 모델의 초석] ● 지하철역 엘리베이터의 숨은 용도 ● 시간을 거슬러 올라가는 곳, 감라스탄 ● 술을 팔지 않는 스웨덴의 슈퍼마켓

복지 천국에도 도둑은 있다

인천공항에서 출발한 것은 금요일이었다. 스톡홀름에는 토요일 새벽에 도착했다. 스웨덴 사람들과의 모든 공식 일정은 월요일에 시작된다. 당연하지 않은가. 어떤 스웨덴 사람이 주말에 일정을 잡겠는가. 그럼에도 황금 같은 주말을 놀면서 보낼 수 없다는 그다지 바람직하지 않은 사명감 때문에 토요일 오전 일정을 잡고야 말았다. 관광이나 할 일이지 뭘 그렇게 빡빡하게 굴었는지.

스웨덴에서 주말에 만날 수 있는 최선의 사람은 한국인이다. 스웨덴 사람을 만나기 전에, 스웨덴에 와있는 우리나라 사람을 만나면 이 사회의 속내를 더 잘 알 수 있을 것 같았다. 한국인이 바라본 스웨덴이 궁금했다. 스웨덴 연수에 여러모로 도움을 준, 쇠데르텐 대학Södertörn University의 최연혁 교수가 '스칸디나비아 정책연구소'에서 함께 일하는 이영 박사를 소개해 주었다. 이영 박사는 진심으로 우리를 반겨 줬다 (박사님, 우리도 좋아요. 이국 만리타향에서 만나는 이렇게 젊은 여성이라니).

우리는 스톡홀름 중앙역 주변에 있는, 우리나라 명동쯤 되는 거리의 몽골리안 식당에서 식사를 하기로 했다. 스톡홀름에서 유일하게 오징어가 있는 뷔페식 식당으로 한국인 입맛에 맞을 것이라고 했다. 이영 박사의 추천을 흔쾌히 접수했다. 그러나 그곳은 우리가 상상한 뷔페식 식당은 결코 아니었다. 어지간한 대형 마트 야채 코너보다 작은 냉동 재료 모둠 바에서 재료를 골라 담으면 요리사가 즉석 철판 볶음을 해준다. 그런데 요리사는 한 명이고, 손님은 수십 명이니 볶음 요리를 한 번 먹으려면 하염없이 기다려야 했다. 초밥 코너가 있었지만 초밥이라고 부르기도 참 민망한, 찬밥 덩어리 위에 연어 또는 아보카도 한 조각 올려놓은 것이 전부였다. 그나마 먹을 만한 건 바나나 튀김이었다. 스웨덴에서의 첫 외식이 이 나라에서 나지도 않는 바나나를 튀긴 것일 줄은 상상도 못했다.

가격까지 생각하면 더욱 기가 차는데 이런 어처구니없는 마음과 달리 얼마나 인기가 좋은지 문밖까지 줄이 늘어서 있었다. 냉동 맛살과 냉동 오징어와 흔한 채소와 냄새나는 양고기와 국수 철판 볶음을 먹으려는 사람이 이렇게 많다니. 우리나라 맛집이 여기서 개업하면 순식간에 재벌 반열에 오를 것 같았다. 식사하는 내내 스톡홀름에서 식당을 개업하는 상상을 떨칠 수가 없었다(스톡홀름에 머무는 날이 늘어 갈수록 개업하고 싶은 가게의 종류도 다양해졌다. 스크린 골프장, 노래방, 볼링장, 찜질방, 아이스크림 가게, 팥빙수 집, 네일 숍 등이었는데, 처음에는 가장 유력한 업종이었던 오뎅 바는 스웨덴 사람들이 뜨거운 국물을 잘 못 먹는다는 사실을 알고 나서 제외했다). 이후에도 식사 시간마다 느꼈던 것이지만, 스웨덴에서 음식 맛은 기대하지 말아야 한다. 숙소에서 아침·저녁 식사를 해결하는 것도 좋은 방법이다.

급기야 식당에서 가방을 도둑맞기까지 했다. 복지 천국에도 도둑이 있었다. 알고 보니 스톡홀름에서는 중앙역과 몽골리안 식당만 조심하면 된다고 한다. 여름에는 유럽 대륙 소매치기들이 원정을 오기도 한단다. 글로 배워도 충분한 것을 꼭 경험하고서야 깨닫는 경우가 있다. 외국에서의 가방 분실은 많은 걸 경험하게 했다. 한국에 전화해 각종 카드를 정지시켜야 했으며, 경찰서에 찾아가 신고해야 했고, 신고 서류를 들고 대사관을 찾아가 임시 여권을 새로 발급받아야 했다.

물론 모두가 나서 이 일들을 함께 처리하진 않았다. 정해진 일정을 충실히 수행해야 한다는, 예의 그 이상한 사명감이 발동해 잃어버린 가방의 주인이 혼자 모든 걸 처리하게 했다. 이국 만리타향에서 일행 중 가장 나이 많은 사람을, 혼자 지하철 타고 버스 타고 골목을 뒤져 대사관을 찾아가게 하다니, 생각해 보면 참 냉정한 일이다. 어쨌든 그이는 내재되어 있던 모든 능력을 끌어내 혼자서 훌륭히 일을 처리했고, 그 후 넘치는 자신감으로 길이 정확하지 않을 때마다 기다렸다는 듯 뛰쳐나가 영어로 질문했다. 때로는 동료의 냉혹함이 약이 되기도 한다. 의도한 바는 아니지만.

땅 넓고, 소득 많고, 행복하고, 세금이 엄청난 나라

스웨덴 인구는 2011년 기준으로 944만 명[1]이고 국토 면적은 45만 제곱킬로미터다. 인구밀도는 1제곱킬로미터당 21명이 살고 있다. 스웨덴의 수치만 봐서는 감이 잘 안 오니 우리나라와 비교해 보자. 우리나라 인구는 2011년 기준으로 4,899만 명이고 국토 면적은 10만 제곱킬로미터다.[2] 인구밀도는 1제곱킬로미터당 490명이다. 즉 스웨덴에서는 21명이 살고 있는 땅에 우리는 490명이 살고 있는 셈이다.

뭐 까짓 거, 땅이 넓다고 대수인가. 얼마나 잘살고 있느냐가 문제지. 2010년 기준 스웨덴의 1인당 국내총생산GDP은 4만8,824달러이고, 우리나라는 2만753달러다.[3] 스웨덴 사람들의 소득은 우리나라 사람보다 두 배가 넘는다.

땅 넓고, 소득이 많다고 다 행복한 것은 아니다. 행복의 기준은 물질이 아니니까. 2006년 영국 레스터Leicester 대학 에이드리언 화이트Adrian White 교수의 행복 지수 연구에 의하면 세계 178개국 가운데 우리나라는 102위이고, 스웨덴은 7위였다. 물론 이 보고서를 전적으로 신뢰할 필요는 없다. 우리나라보다 덜 행복한 나라가 아직도 76개국이나 된다니 말이다.[4]

땅 넓고, 소득 많고, 행복하기까지 한 스웨덴은 세금을 엄청나게 많이 걷는다. 경제협력개발기구OECD가 발간한 "OECD 세입 통계 2010"에 따르면 스웨덴의 조세부담률은 34.8퍼센트로 덴마크(47.2퍼센트)에 이어 33개국 중 2위를 차지했다. 반면에 우리나라 국민의 조세부담률은 20.7퍼센트로 OECD 회원국 가운데 여덟 번째로 낮은 것으로 나타났다. 이는 OECD 평균 25.8퍼센트보다 5.1퍼센트포인트 낮은 수치다.[5] 우리나라의 조세부담률 순위는 2005년 하위 5위에서 2007년 하위 6위, 2008년 하위 8위 등으로 꾸준히 높아지는 추세를 보였었다. 그때까지만 해도 거북이걸음이지만 언젠가는 우리도 세금으로 보편적 복지를 실현할 날이 오지 않을까 기대해 볼 수 있었다.

하지만 국세청의 "2010년 국세통계연보"에 따르면 2009년 GDP는 1,063조1천억 원, 국민이 낸 총 세금은 209조7천억 원으로 조세부담률이 19.7퍼센트를 기록해 3년 만에 20퍼센트 아래로 떨어졌다. 이어 2010년 예산안에서도 조세부담률을 19.3퍼센트로 설정했다. 부자 감세의 여파다. 하긴 세금을 많이 걷는다 해도 모두 복지에 쓴다는 보장도 없으니, 조세부담률이 조금 떨어졌다고 우울해할 필요는 없다.

스웨덴은 많이 걷은 세금의 대부분을 복지에 쓴다. 스웨덴 복지 모델의 특징은 빈곤층뿐만 아니라 모든 국민을 대상으로 한다는 점이다. 또한 민간 부문의 복지 서비스 공급은 극히 제한적이며 공공 부문 복지 서비스를 중심으로 발전했다. 이런 제도가 발전할 수 있었던 근간은 범상치 않은 노사 관계다.

노사 관계의 뿌리는 1938년으로 거슬러 올라간다. 현재 전 세계에서 가장 평온한 노사 관계를 유지하고 있는 스웨덴에서도 1920~30년대에는 노사 분쟁이 격렬했다. 대격돌의 시기를 지나고 난 1938년, 스웨덴전국노동조합총연맹LO과 고용주협회SAF가 스톡홀름 근교에 있는 살트셰바덴Saltsjöbaden에서 협약을 체결했다. 노사는 기업의 경영권 및 노조의 파업권을 상호 인정하고, 노사 분쟁 사항은 국가의 개입 없이 노사 간의 자율적 협의를 통해 해결하기로 합의했다. 분쟁 조정 기관으로 노사 대표가 참여하는 노동시장위원회를 설치하고 노동쟁의 절

살트셰바덴 협약, 스웨덴 모델의 초석

국가 개입에 대한 자율적 규제 원칙

20세기 초반만 해도 스웨덴의 노사분규는 영국·독일·프랑스보다 빈번하게 발생했다. 그러던 것이 1938년 살트셰바덴 협약을 체결한 이후 완전히 달라졌고, 스웨덴 모델이 정착한 제2차 세계대전 전후에는 유럽에서 가장 안정된 노사 관계를 유지하기에 이르렀다.

1932년 한손이 이끄는 사민당은 LO의 적극적인 후원에 힘입어 의회에서 다수 의석을 차지했다. 정당과 노조가 정치권력을 바꾸지 않고는 노사 관계의 변화를 꾀할 수 없다는 공동의 문제의식을 가졌기 때문이다. 이때가 전환점이 되어 사민당은 '국민의 집'Folkhem 건설에 매진했고 44년에 걸친 집권의 기반을 다질 수 있었다. 같은 시기에 노동조합운동 또한 획기적으로 변화했다.

스웨덴 노동운동은 노동자의 이익뿐 아니라 스웨덴 경제의 국제경쟁력까지 책임지는 적극적 행위자이자 스웨덴 사회를 대표하는 세력이 되었다. 살트셰바덴 협약에서 유래해 스웨덴 노사 관계의 중심 원칙으로 이어지고 있는 살트셰바덴 정신은 상호 협조, 상호 존중, 타협에 입각한 평화적 해결, 사회적 책임으로 표현할 수 있다. 이 협약은 전국적 차원의 사용자 조직과 노동자 조직이 서로를 사회적 동반자로 인정했다는 점에서, 당시 소련이나 독일 등 대륙의 사회주의 노동운동과는 완연히 구별되는 사건이다.

그 뒤 노동자를 대표하는 LO와 사용자를 대표하는 SAF 모두 사회적으로 대단히 중요한 조직체인 만큼 그에 따르는 사회적 책임을 소홀히 할 수 없다는 인식을 같이하면서, 노사가 자율적으로 합의에 도달할 수 있는 사안에 대해 협약 정신을 발휘했다. 이는 국가 개입과 의회 입법 조치에 의존하는 경우에 발생할 수 있는 부작용을 최대한 줄이는 것이 최선의 길이라는 공감대를 바탕에 둔 것이었다.

_송호근, 『시장과 복지정치』(나남출판, 1997), 85, 120쪽 참조;
신필균, 『복지국가 스웨덴』(후마니타스, 2011), 46쪽 참조.

차 제도화, 해고 문제와 관련된 규칙을 상세하게 제정했다. 살트세바 덴 협약에 따른 노사 간의 합의 정신은 현재까지 이어져 내려오고 있다. 무려 70여 년이 지났는데 말이다.

지하철역 엘리베이터의 숨은 용도

이영 박사는 스웨덴의 사회·문화에 대해 그동안 느낀 점을 가감 없이 전달해 주었다. 한마디로 정리하면 '여기도 사람 사는 곳'이었다. 좋은 점도 있고, 안 좋은 점도 있단다. 좋은 점이라 해서 무조건 따라 할 필요는 없으며, 우리한테 필요한 것만 배우면 된단다.

단적인 예로, 요람에서 무덤까지 거의 모든 것이 무상으로 제공되는 복지 천국 스웨덴에서 '공중화장실'은 유료였다. 왕궁으로 가는 길에 주변 경관과 전혀 어울리지 않는 뜬금없는 형태의 화장실이 있는데 10크로나(약 1천7백 원)를 내야 이용할 수 있다. 스톡홀름에서 가장 유동 인구가 많은 중앙역의 화장실에는 경비원 복장을 한 아저씨가 버티고 앉아 같은 금액의 입장료를 받고 있었다. 화장실에서 볼일만 보고 나오려다가 돈이 너무 아까워서 손을 두 번 씻었다. 그리고 나서도 거울을 한참 동안 뚫어져라 바라봤다. 뭔가 더 할 것이 없나 살펴보았지만 화장실 안에서 할 수 있는 다른 일은 없었다. 심지어 버거킹에서조차 5크로나(약 8백 원)를 내야 화장실을 이용할 수 있었다. 우리나라보다 가격이 두 배가량 비싼 고급 햄버거를 사먹었더라도 화장실 입

길가에는 뜬금없는 형태의 화장실(왼쪽)이 있는데
10크로나를 내야 이용할 수 있다.
돈이 없거나 돈을 아끼려는 사람들은 다른 곳에 방뇨한다고도 했다.
유모차를 밀고 가던 부부가 왜 엘리베이터를 마다하고
위험한 자세로 에스컬레이터에 올랐는지 알게 되었다.

장료는 별도로 내야 한다.

이쯤 되니 전 세계의 유료 화장실 현황에 대한 궁금증이 생겼다. 알아보니 유럽과 동남아시아에는 유료 화장실이 많다고 한다. 그럴 줄 알았다. 미국에도 있고, 우리나라에도 있다고 한다. 서울 시내 한복판에 있다는데 그 근처를 오가면서도 유료 화장실이 있다는 사실은 미처 몰랐다(인간이 가진 인지 능력의 한계를 새삼 절감했다). 개방형 무료 화장실이 지천인 우리나라에서 유료 화장실을 누가 이용할까 싶지만 연간 이용객이 상당하다고 한다. 아마도 이용자의 대부분은 외국인이지 싶다.

우리나라에는 2004년에 제정된 〈공중화장실 등에 관한 법률〉도 있다. 재미있는 법이다. 이 법 제4조에는 "국가 및 지방자치단체는 국민의 편익 증진 및 위생 수준 향상을 도모하기 위하여 공중이 이용할 수 있는 공중화장실 등의 설치·지정 및 관리에 필요한 시책을 마련하여야 한다."라고 공중화장실에 대한 국가 및 지방자치단체의 책무를 규정해 놓았다. 또한 시·군·구청장은 공중화장실의 수급 계획을 수립할 의무가 있으며 시설도 점검해야 한다고 규정하는 등 화장실을 다중 이용 공공시설로 취급하고 있다.

스웨덴에서 돈이 없거나 돈을 아끼려는 사람들은 유료 화장실을 이용하지 않고 사람들의 눈을 피해 방뇨한다고도 했다. 직접 목격하지는 않았으나 간접적으로 확인했다. 장애인 이동권이 제대로 보장되는지 확인하기 위해 지하철역에서 엘리베이터를 타보려 했으나 문이 열리는 순간 숨쉬기 힘들 정도로 지독한 냄새가 풍겨 탑승을 포기했다. 개를 데리고 다니는 사람을 자주 본 터라, 처음에는 개로 인한 냄새라고 생각했지만 현지인들에게 물어보니 급하고, 돈이 없는 사람들이 엘리베이터를 '이용'한다고 했다. 유모차를 밀고 가던 부부가 왜 엘리베이터를 마다하고 위험한 자세로 에스컬레이터에 올랐는지 알게 되었다. 가난한 이들의 '배변권'을 보장하기 위해서 화장실도 공공의 영역으로, 보편적 복지 내로 진입시켜야 하지 않을까?

화장실 이야기가 길었다. 이영 박사의 말대로 스웨덴이 '복지 천국', '이상향'이라 해도 상대적인 것이다. 완전하지 않은 인간이 사는 곳이라면 어디에든 단점과 문제점, 갈등과 모순이 있는 것이 당연하다. 그러니 그 사회에 '더 많은 사람들의 인간다운 삶'을 위한 제도가 얼마나 충실히 마련되어 있는지가 관건이다. 적어도 그런 사회를 만들어 가기 위해 얼마나 노력하고 있는지가 가장 중요하다. 아직 부족하다 해서 실망할 일도 아니고, 지금 갖춰져 있다 해서 안주할 일도 아니다.

시간을 거슬러 올라가는 곳, 감라스탄

식사를 마친 뒤, 가방을 분실한 충격을 꿋꿋이 이겨 내고 '감라스탄' Gamla Stan에 갔다. '감라'는 '오래된', '스탄'은 '도시'라니 감라스탄은 '오래된 도시'다. 편하게 말하자면 구시가지쯤 되겠다. 감라스탄은 말 그대로 오래된 건물들이 있는 거리다. 서양은 골목 문화가 없는지 내가 보기엔 그리 좁지도 않은 골목을 "세계에서 가장 좁은 골목"이라고 부르며 관광객을 끌어들였다. '세계에서 가장' 좁은 것 같지는 않지만 골목길 계단은 시간을 거슬러 올라가는 길처럼 보였다. 촛불이 켜진 작은 상점들이 즐비한 골목의 정경은 따뜻했다.

김 서린 창 안을 들여다보고 있자니 골목 저편에서 성냥팔이 소녀가 걸어올 것 같았다. 성냥팔이 소녀는 성냥을 많이 팔았을까. 골목 안쪽 어딘가에서 언 손을 녹이기 위해 성냥을 켜고 있지는 않을까. 섣달 그믐날, 추운 겨울 맨발의 어린 소녀가 성냥을 팔러 돌아다녀야 했던 야만의 시대는 진정 끝난 것일까. 불행하게도 우리나라를 포함해 전 세계 각지에는 아직도 '성냥팔이 소녀들'이 있다. 하루하루를 살아가기 위해 성냥 대신, 다른 것들을 판다. 성냥의 불빛이 꺼지면 함께 꺼지는 소녀의 꿈.

성냥팔이 소녀는 만날 수 없었지만 기념품점에서는 한국에서 오래전 사라진 '통성냥'을 팔고 있었다. 감라스탄 분위기에 젖어 집었다 놓았다 하며 망설였으나 구입하진 않았다. 인제야 한 통쯤은 샀어도 좋았겠다는 생각이 든다.

우리가 감라스탄에 도착한 시각은 오후 2시경이었는데 이미 주변은 어두컴컴했다. 모세의 언덕Mosebacken에 야경을 보러 간 시각은 3시. 주변은 완전히 어두워져 아름다운 야경을 감상할 수 있었다. 새벽 3시가 아니라 오후 3시에 야경이라니.

노사 간 대협약이 이루어진 역사적 장소 살트셰바덴에도 갔다. 중세 시대의 성처럼 생긴 바닷가 호텔에서 협약이 체결되었다고 한다. 호텔에 들어가 협약 테이블에서 커피 한 잔 마시는 호사는 누리지 못하고, 바깥에서 바라보는 데 그쳤다. 그것만으로도 역사의 숨결을 느낄 수

감라스탄에는 오래된 건물들이 즐비했고 그 사이로 좁은 골목들이 이어져 있었다.
그들이 관광객을 끌어들일 때 하는 말처럼 '세계에서 가장' 좁은 것은 아니었지만.

있었다. 70여 년 전 노동자와 사용자가 약속을 했다. 그리고 70년이 넘는 세월 동안 그 약속을 지켰다. 어제 한 약속도 오늘 휴짓조각이 되기 일쑤인데 어떻게 그런 일이 가능했을까.

스웨덴은 전쟁을 겪지 않아서인지, 문화가 그래서인지 참 많은 것들이 그대로 보전되어 있다. 스톡홀름 시내 중심부 주요 건물들은 대부분 1백 년이 넘었다. 이 나라에서는 1백 년쯤 된 건 오래된 축에도 못 끼고, 한 5백 년쯤 되어야 좀 오래됐구나 하겠다고 우리끼리 농담을 주고받았다. 생각해 보면 이런 나라에서 70여 년 전의 약속을 지키는 것은 별거 아닐지도 모른다. 그리고 생각했다. '우리는 참 쉽게도 잊는구나.' 전태일 열사도, 5·18 광주민중항쟁도, 87년 6월 항쟁도, 출렁이는 촛불의 바다도, 대통령의 영면까지도 너무 쉽게 잊혀 간다. 1백 년의 역사를 만들려면, 1백 년 전의 역사를 기억해 우리의 뿌리로 삼아야 하지 않을까?

살트셰바덴 협약에 대해서는 LO, SAF, 사민당을 방문할 때마다 거듭 들었다. 무슨 질문만 하면 살트셰바덴 협약부터 설명한다. 스웨덴의 현재를 가능하게 했기에 노동자와 사용자, 정치인 모두가 자랑스러워하는 역사가 되었나 보다(어쩌면 살트셰바덴 협약 이후의 현대사가 우리나라 역사만큼 역동적이지 않아 자기들도 그다지 기억에 남는 것이 없어서인 듯도 하다).

많은 일정을 마치고 집에 돌아와 시계를 보니 겨우 5시 반이었다. 스웨덴의 겨울은 해가 떠있는 시간이 서너 시간에 불과하다더니 정말 그랬다. 오후 3시에 해가 지는 나라에서 살자면, 우울증에 걸리기 십상일 듯했다.

북유럽에서 느끼는 시간 감각은 한국과 무척 달랐다.
우리가 스웨덴에 머물렀던 12월만 해도 오후 2시가 되면 주변이 어두컴컴했지만,
5월경에는 저녁 8시가 지나도 여전히 환하다고 한다.

술을 팔지 않는 스웨덴의 슈퍼마켓

집에 들어가는 길에 동네 슈퍼마켓에 들러 장을 봤다. 연어도 샀고(연어 덩어리는 보기보다 커서 며칠 동안 먹어야 했다), 스웨덴이 과일 종주국이 아님을 증명하는, 수분이 사라져 가는 과일도 샀다. 그리고 무엇보다 와인을 샀다. 와인을 사는 것은 어려웠다. 가게 점원에게 와인이 어디 있냐고 물으니 없다고 한다. 우리의 영어 발음이 나쁜 것인지(일행 중 한 명은 비행기 안에서 우유milk를 달라고 했지만 승무원이 가저다준 맥주beer를 먹어야 했다), 점원의 말을 우리가 잘못 알아들은 것인지 분간할 수 없었다. 슈퍼마켓을 두리번대며 헤맨 끝에 와인(이라 여겨지는 것)을 찾았다. 숙소에와 호기롭게 병을 따서 마셨는데 와인이 아니라 와인 맛 주스였다. 이것을 스웨덴에서는 '크리스마스 와인'이라고 부르는데, 와인을 끓여 알코올을 다 날려서 만든다고 한다. 여기다 건포도 및 아몬드 등의 견과류를 넣어 끓여 마시면 감기에 좋다고는 하는데……. 영어 짧은 스스로를 탓하며 한바탕 웃었다.

나중에 알고 보니 스웨덴은 슈퍼마켓에서 술을 팔지 않았다. '시스템볼라겟'Systembolaget이라고 불리는 국영 주류 판매장에서만 판다. 술집이 있긴 하지만 술 한 잔의 가격이 매우 비싸서 취하도록 마시기는 곤란하다. 정부에 의한 강력한 알코올 통제 정책이 가능한 것은 1백 년 전의 금주운동 전통이 지금까지 이어지고 있기 때문이다. 공장에서 노동자에게 술을 제공해 사고가 발생하는 등 1800년대 후반 지나친 음주가 사회문제로 부각되면서 대대적인 금주운동이 벌어졌다

스웨덴의 슈퍼마켓에서는 술을 팔지 않았다.
국영 주류 판매장에서만 판다.
1백 년 전의 금주운동 전통이 지금까지 이어지면서,
정부에 의한 강력한 알코올 통제 징책이 가능한 것이다.

고 한다.

스웨덴사회민주노동당Sveriges Social demokratiska Arbetareparti, SAP(이하 사민당)
은 자신들의 뿌리가 금주운동에 있다고도 말한다. 금주운동을 전개한
사람들이 사회를 바꾸기 위한 정치 운동에도 활발히 참여했기 때문이
다. 당과 노동조합을 중심으로 한 정치 운동뿐만 아니라 금주운동을
비롯한 시민운동이 시민 의식을 성숙시켰으며, 이를 기반으로 정치 운
동이 더욱 발전했다는 것은 의미심장했다. 실생활에 기반을 둔 시민운
동이 사회 변화의 중요한 축임을 보여 주기 때문이다.

시스템볼라겟은 오후 5시에 문을 닫았다. 바쁜 일정을 소화해 가며
술을 구하려면 은근히 공을 들여야 했다. 이동 경로를 살짝 조정한다든
가, 걸음이 빠른 사람 한 명을 일찍 귀가시킨다든가, 점심시간에 재빠
르게 다녀온다든가 하는 방식으로 말이다. 지금 생각하면 그렇게까지
할 이유가 있었나 싶다. '정해진 시각, 정해진 장소'가 아니면 술을 구하
지 못한다는 강박관념이 낳은 결과다. 게다가 그렇게 하지 않기엔 밤이
너무 길었다.

주

1__ 스웨덴 통계청 웹사이트(http://www.scb.se; 2011년 5월 자료).

2__ 한국 통계청 웹사이트(http://kostat.go.kr/portal/index/statistics.action; 2011년 자료).

3__ "OECD 국가의 주요지표"(통계청, 『국제통계연감』, 2011; 국가통계포털 웹사이트 http://kosis.kr).

4__ "한국 행복지수 세계 102위 재확인"(『연합뉴스』 2006/07/28).

5__ "OECD 세입 통계 2010"(OECD 2010; 기준연도 2008년;

http://www.oecd-ilibrary.org/taxation/revenue-statistics-2010_rev_stats-2010-en-fr)

복지국가 여행기
SWEDEN

4

박물관 도시, 스톡홀름

오늘은 박물관 탐방이다. 어느 지역이든 박물관과 재래시장을 가면 그곳의 모든 것을 파악할 수 있다고 생각한다. 박물관은 과거를, 재래시장은 현재를 보여 주기 때문이다. 영하 15도 안팎의 한겨울에도 유모차에 아이를 태우고 온 가족들로 가득했던 야외 박물관, 출항 직후 침몰해선 333년 동안 바닷속에 잠겨 있다가 인양되어 박물관이 된 배아니, 배로 만든 박물관일까, 그리고 삼성과 발렌베리를 함께 떠올리게 한 노벨 박물관 등은 '조금 비싼' 입장료가 전혀 아깝지 않은 곳이었다.　　　스톡홀름은 말 그대로 박물관 도시였다.

● 세계 최초의 야외 박물관, 스칸센 박물관 [스웨덴에서의 동성애] [양성 평등 보너스제] ● 배가 실내에 전시된 곳, 바사 박물관 ● 렘브란트 자화상이 걸려 있는 스웨덴 국립박물관 ● 노벨 박물관에서 만난 삼성

세계 최초의 야외 박물관, 스칸센 박물관

스톡홀름에서의 두 번째 날. 자연스럽게 눈이 떠졌다. 가뿐히 이 나라에 적응했다. 오늘은 박물관 탐방이다. 나는 어느 지역이든 박물관과 재래시장을 가면 그곳의 모든 것을 파악할 수 있다고 생각한다. 박물관은 과거를, 재래시장은 현재를 보여 주기 때문이다. 특히 박물관에서 그 도시의 옛 지도라도 만나는 날에는 두근두근 가슴이 뛴다. 전생의 연인과 재회한 것처럼.

스톡홀름에서는 스칸센 박물관Skansen Museum과 바사 박물관VASA Museum이 제일 유명하단다. 노벨의 도시에 왔으니 노벨 박물관Nobel Museum도 당연히 들러야 한다. 게다가 지금은 노벨상 시상 기간이 아닌가. 노벨상을 시상하는 역사적인 도시에, 바로 그 기간에 머물고 있다니 감격스럽다. 해가 늦게 뜨고 일찍 지니 항상 바쁘게 움직여야 했다. 특히 스칸센 박물관은 야외 박물관이라 어두워지면 감흥이 떨어질 것이 번연해 오전에 가기로 했다.

1891년에 설립된 스칸센 박물관은 세계 최초의 야외 박물관이다(라고 안내문에 쓰여 있지만, 감라스탄의 골목도 세계에서 가장 좁은 골목길이라고 하는

1891년에 설립된 스칸센 박물관은 세계 최초의 야외 박물관이라고 한다.

한겨울인데도 사람이 바글바글했다.
유모차에 어린아이를 태우고 온 가족 단위 관광객들이 많았다.
이들은 기온이 영하 15도 안팎이었음에도 아무렇지 않게
유모차에 아이를 태우고 돌아다녔다.

것을 보면 사실인지에 대해서는 확신이 서질 않는다). 한겨울 야외 박물관에 올 사람은 우리 같은 관광객밖에 없으리라 생각했는데 사람이 바글바글 했다. 특히 유모차에 어린아이를 태우고 온 가족 단위 관광객들이 많 았다. 스톡홀름에서 머무는 기간 내내 기온이 영하 15도 안팎이었음에 도 아무렇지 않게 유모차에 아이를 태우고 돌아다니는 사람들을 만날 수 있었다. 출퇴근 시간의 복잡한 지하철역 안에서도 유모차를 밀고 다니는 사람들이 많았고, 복잡한 객실에 유모차가 들어와도 승객들은 전혀 개의치 않았다. 그들의 행동이 어찌나 자연스러운지 그 자체가 놀라웠다. 특히 태어난 지 6개월도 안되어 보이는 아기부터 유치원생 쯤 되어 보이는, 눈썰매를 탄 아이들을 데리고 거리를 씩씩하게 걸어 가는 아빠들을 수시로 목격했다.

스칸센 박물관에서 두 남성이 각각 유모차에 어린아이를 태우고 온 것을 봤는데, '엄마들'이 함께 왔다가 잠깐 화장실에 간 것인지 정말 두 사람이 온 것인지 궁금했다. 옆에서 줄곧 지켜보는 동안 별도의 '여성 엄마'는 나타나지 않았다. 결국 두 사람이 친구인지 동성 커플인지를 확인할 길이 없었다.

스웨덴은 세계적으로 손꼽히는 성 평등 국가다. 성소수자에 대해서도 관대해 동성 간 결혼을 법적으로 인정하고 있다. 그리 고 부모의 결혼 여부에 관계없이 아동의 복지를 사회가 책임진다. 비 혼모, 동거 부부 등 다양한 가족 형태를 제도적으로 수용하고 있다. 홀 로인 여성 및 남성, 또는 성소수자가 자녀를 키우며 사는 데 어려움이 없도록 사회가 뒷받침하고 있는 것이다. 성별에 관계없이 자원이 공평

스웨덴에서의 동성애

〈동반자 등록법〉을 넘어 〈동성 결혼법〉까지

2009년 4월 1일 스웨덴 국회에서 동성 결혼 합법화 법안이 통과되었다. 반대 의사를 밝힌 기독교민주당Kristdemokraterna을 뺀 6개 정당이 지지한 결과였다(찬성 261표, 반대 22표, 기권 16표). 〈동성 결혼법〉은, 파트너십 등록을 통해 동성 커플 결합을 허용한 〈동반자 등록법〉을 대체했다. 기존에 파트너십 등록을 한 커플은 당국에 신청하는 것만으로 결혼 관계 등록이 가능해졌다.

1995년 〈동반자 등록법〉이 제정된 뒤로도 성소수자를 대상으로 한 범죄는 끊이지 않았다(2002년 증오 표현 금지 대상에 동성애를 포함한 것도 그래서다). 하지만 동시에 2010년 성소수자를 위한 축제인 프라이드 페스티벌이 열렸을 때 50만 명에 가까운 인파가 몰려드는가 하면, 스웨덴의 가구 인테리어 유통 업체인 이케아에서 동성애자 모델이 등장하는 광고(쇼핑백을 든 두 남성이 손잡고 있는 뒷모습 사진에 "우리는 모든 유형의 가족에게 열려 있습니다."라는 문구가 실려 있다)를 내보낼 만큼 동성애에 대한 사회 전반의 인식이 관용적이기에 법제화가 가능했던 셈이다.

＿『연합뉴스』 2005/01/30, 2009/04/02;『여성신문』 2011/08/12;『주간동아』 2011/07/08 참조.

하게 배분되고, 동일한 기회가 주어져야 한다는 것이 원칙이다. 이는 아동·장애인·빈곤층 등 사회적 약자 모두에게 적용된다.

스웨덴 사회의 성 평등 지수는 남자 화장실에도 '아기 기저귀 갈이대'가 있는 모습에서 확인할 수 있었다. 아기 기저귀 갈이대가 여자 화장실에만 있을 이유가 없다. 이 당연한 사실에 감동하고 있는 나 자신이 좀 씁쓸했지만 말이다.

양성 평등 보너스제

남성의 육아 책임을 일깨우는 제도

여성만이 출산휴가의 대상이라는 사회적 관념과 문화를 바꾸고자 2008년 6월 이후 도입된 제도가 양성 평등 보너스제jämställdhetsbonusen이다. 부모가 함께 쓸 수 있는 출산휴가 기간인 480일(부모가 각각 최소 60일은 의무적으로 휴가를 써야 한다) 가운데 유급 출산휴가 기간은 390일이다. 부모 중 출산휴가 일수가 많은 쪽에 더 큰 세금 감면 혜택을 주고, 두 사람의 휴가 일수가 같을 때 가장 많은 세금 보너스를 준다는 것이 양성 평등 보너스제의 주요 내용이다(두 사람이 똑같이 195일씩 쓸 때 혜택이 가장 큰 셈이다).

부모 중 한 사람이 출산휴가를 갖는 동안 다른 사람은 정상적인 직장 생활을 계속하는 것이 일반적이기에, 상대적으로 임금이 높은 남성이 출산휴가를 더 쓰더라도 가계에 부담이 되지 않게끔 세금을 감면하는 것이다. 감면액은 연소득을 신고한 이후 국세청에서 받는다. 사회보장 사무소는 이를 위해 매년 2월 초까지 출산 가정에 신청서를 보내고, 3월 1일까지 신청하도록 홍보한다.

_『복지국가 스웨덴』, 106~107쪽 참조.

스웨덴 여성운동의 특징은 여성이 처한 문제를 '사회적'으로 해결하고자 했다는 데 있다. 여성 참정권을 쟁취한 역사는 사민당의 발전과 궤를 같이했다. 여성이 처한 문제를 해결하는 것은 여성만이 아니라 사회적 약자 전체의 권리를 보장하는 길임을 일찍부터 체득한 것이다. 이들은 사회생활의 모든 측면에서 여성과 남성의 권력과 영향력이 동등하다면 더욱 공정하고 민주적인 사회가 되리라고 믿고 있었

스웨덴 사회의 성 평등 지수는 남녀 화장실 앞에 붙은
'아기 기저귀 갈이대' 그림 표식에서도 확인할 수 있었다.

다. 이를 증명하듯 2009년 여성의 정치 참여율(여성 국회의원 비율)은 47 퍼센트, 20~64세 여성의 노동시장 참여율은 75퍼센트에 이른다.[1]

결론적으로 성 평등 사회로 가는 지름길은 복지국가를 만드는 것이다. 스웨덴은 1937년 출산 수당, 1948년 아동 수당, 1947년 기초 연금을 소득 조사 없이 모든 대상자에게 정액 지급하는 복지 제도를 도입했다. 출산 시 부모에게 각각 240일 동안의 육아 휴가를 주는 '부모 보험제'도 도입되어 있다. 이 중 60일은 의무적으로 휴가를 내야 하지만 나머지 180일은 배우자가 쓸 수 있다. 물론 혼자 아이를 기를 경우에는 480일을 모두 사용할 수 있다. 둘째 아이를 낳은 경우에는 240일에 180일을 추가해서 420일을 육아 휴가로 사용할 수 있다. 아이가 12세를 넘지 않았다면 아이가 아플 때에도 일일 육아 휴가 또는 휴직을 신청할 수 있다.

이 기간에도 고용 관계, 사회보험 등 노동자로서의 모든 권리가 똑같이 인정된다. 스웨덴은 출산과 육아로 인해 발생하는 고용상의 성 차별을 완화하고, 가정 내에서도 성 평등을 실현할 수 있도록 제도를 설계했다. 부모 모두가 일하면서 자녀를 함께 양육하도록 하는 방식이다. 또 스웨덴은 아이를 출산하면 국가에서 매달 1,050크로나(약 17만 원)를 16세까지 지급한다. 16세가 되면 '학업 보조금'으로 이름만 바꿔 같은 금액을 20세까지 지급한다.

자녀가 많을수록 아동 수당도 많아진다. 아이가 둘이면 아동 수당이 2,250크로나로 1인당 1,125크로나인데, 아이가 하나일 때보다 1인당 75크로나를 더 받는 셈이다. 아이가 넷이면 1인당 1,452크로나까지 늘어난다. '아동 수당'은 아동을 양육하고 교육하는 데 소요되는 비용을 보조하기 위해 국가가 가족에게 지급하는 수당이다. 스웨덴은 아동 수당 앞에 '공공'allmän이라는 용어를 붙여 공공성과 보편성을 강조하고 있다.

아동 수당은 1926년 뉴질랜드가 최초로 제도화한 이래 1930~50년 대에 많은 나라들이 도입했다. 전통적인 복지 선진국인 유럽 국가들은 물론, 최근에는 여러 아프리카 국가들까지 아동 수당 도입이 확산되고 있으며 현재 전 세계적으로 90개국이 아동 수당 제도를 시행 중이라고 한다.

OECD 국가 중 아동 수당 제도를 도입하지 않은 나라는 미국, 터키, 멕시코와 우리나라뿐이다. 아동 수당 도입을 반대하는 측은 막대한 재원이 소요될 것이라고 우려한다. 모든 아동에게 수당을 지급하는 보편적 형태의 정책을 도입하자면 상당한 예산이 투입되어야 하는 것은 분명하다. 하지만 예산은 어차피 국가정책의 기본 방향을 반영하는 것이다. 이는 도입할 의지가 있다면 상당한 예산을 투입할 각오도 해야 한다는 의미다.

게다가 현재 우리나라의 아동·청소년 예산 비중은 복지 선진국과 비교하면 매우 미흡하다. 주요 선진국의 아동 1인당 복지비 지출은 스웨덴 3,961달러(미국 달러 기준), 독일 1,707달러, 영국 913달러, 미국 297달러, 한국 40달러로 조사된 바 있다.[2] 사회·문화의 속도감 있는 변화를 위해서는 법과 제도에 의한 강제도 필요하다. 여성에게 짐 지워진 가사·양육·돌봄의 부담을 사회가 책임지도록 만들어야 한다. 아이 셋을 키우면서 일하는 엄마인 나는 이런 말을 할 때 저절로 비장해진다.

다시 스칸센으로 돌아가자. '요새'라는 뜻의 스칸센에는 스웨덴 전국 각지에서 옮겨온 17~20세기의 교회, 풍차, 전통 가옥 등이 있다. 건물의 내부 장식도 당시의 모습 그대로였으며, 과거와 같은 작업 환경에서 전통 의상을 입은 사람들이 유리공예를 하고, 오래된 수동 활자본으로 인쇄를 하고, 고풍스러운 빵을 만들어 팔았다. 가장 마음에 들었던 곳은 실제로 가동하는 작은 공장이었다. 작은 못 하나까지 섬세하게 재현해 놓은 그곳에는 노동자들의 쟁의를 알리는 포스터도 붙어 있었다. 스칸센 박물관은 동양에서 온 우리를 수백 년 전 스웨덴의 과거와 조우하게 해주었다.

스칸센 박물관 빵집에는 빵을 기다리는 사람이 많아 줄 서가며 사먹었는데, 호불호가 엇갈렸다. 좋다고 한 사람도 맛있다는 말은 하지 않았고, 좋지 않다고 한 사람은 다시는 먹으려 들지 않았다. 스웨덴 빵은 허브 향이 강했고 간은 짰으며 질감은 거칠었다. 특히 단호박 향이 풍기는 해마 모양의 빵은 스웨덴 사람들이 즐기는 전통 빵이라고 하는데 맛이 오묘했다. 한국에 스웨덴 빵집이 안 생기는 이유를 알 것 같았다 (그러고 보니 한국에서 스웨덴 식당을 본 적도 없다. 스칸센 빵을 먹고서야 이걸 깨닫다니!).

스칸센에서는 4월 봄맞이 행사인 발푸르기스의 밤Walpurgis night, 6월 하지Midsummer 축제, 12월 크리스마스 행사, 1월 새해맞이 행사가 진행된다. 우리가 갔을 때는 크리스마스 행사를 하고 있었다. 가족들이 직

스칸센 박물관에는 스웨덴 전국 각지에서 옮겨온 17~20세기의 교회, 풍차, 전통 가옥 등이 있다.
건물의 내부 장식도 당시 모습 그대로였으며, 과거와 같은 작업 환경에서 전통 의상을 입은 사람들이
유리공예를 하고, 오래된 수동 활자본으로 인쇄를 하고, 고풍스러운 빵을 만들어 팔았다.

접 만들어 팔려고 가져온 먹을거리가 넘쳐 났고, 무료 시식을 권하는 곳도 많았다. 수공예품 장터 구경도 즐거웠다. 스웨덴 아이들과 춤을 추고 놀기도 했다. 스웨덴 전통 의상 차림을 한 사람들이 작은 광장에서 폴카와 강강술래를 섞어 놓은 듯한 춤을 가르쳐 주었다. 흥겨운 음악은 크리스마스 분위기를 한껏 띄워 주었다. 아이들과 함께 손잡고 빙글빙글 돌다 보니 추위도 느껴지지 않았다. 진행자가 시키는 대로 음악에 맞춰 토끼며 늑대를 흉내 내는 부모들을 보는 것도 즐거웠다. 중요한 것은, 우리가 이런 행사 내용을 전혀 모르고 스칸센을 방문했다는 것이다. 메리 크리스마스!

배가 실내에 전시된 곳, 바사 박물관

스칸센에서 멀지 않은 곳에 있는, 전 세계에서 유일하게 원형이 보존된 17세기 배가 전시된 바사 박물관으로 향했다. 자타 공인 스톡홀름에서 가장 가볼 만한 박물관이다. 바사VASA호는 1628년 출항 직후 침몰했는데 333년 동안 바닷속에 있었으나 어찌된 일인지 썩지 않았다. 침몰한 곳이 밀물과 썰물이 만나는 지점이었다는 사실에 '원형 보존'의 비밀이 있다고 한다. 목조를 갉아먹는 조개가 소금기가 없는 물에서는 살 수 없어서 그렇다는데, 과학적 영역은 전문가에게 맡기고 관광객인 나는 구경에 몰입.

바사 박물관은 1961년 인양한 바사호를 통째로 건물로 덮어

바사 박물관은 바사호가 침몰된
역사적 배경은 물론,
배와 관련한 과학적 지식도 습득할 수
있도록 전시물을 구성하는 등
역사와 과학이 조화를 이룬 박물관이었다.

씌워 만들어졌다. 오로지 '배' 하나를 가지고 만든 박물관이라니 무엇을 전시해 놨을지 정말 궁금했다. 박물관에 들어서자마자 유령선 같은 커다란 배가 시선을 압도한다. 박물관에 대한 통념이 깨졌다. 바사 박물관은 모두 7층이다. 높이는 52미터, 길이는 69미터에 이르고, 승선 가능 인원이 450여 명에 달할 정도로 크다. 박물관은 그런 바사호를 한 층 한 층 올라가면서 조망할 수 있도록 조성되어 있었다. 그야말로 바사호와 관련한 '모든' 것이 전시된 곳이었다.

배의 재료로 쓰인 목재를 선택하는 과정, 배를 건조하는 과정, 배가 침몰된 과정, 인양하는 과정 등 바사호에 대한 모든 것이 낱낱이 전시에 활용되었다. 바사호와 함께 발견된 사자, 영웅, 로마 황제, 해양 동물, 천사 등 7백여 개의 조각상을 포함한 1만4천 개 이상의 목조품, 선원의 유골과 소지품, 배의 장비와 함께 17세기 생활상을 보여 주는 물품까지 전시되어 있었다.

배가 침몰한 역사적 배경과 함께 배와 관련한 과학적 지식도 습득할 수 있도록 전시물을 구성한 점이 돋보였다. 역사와 과학이 조화를 이룬 박물관이었다. 바사호의 보존 및 보호 작업은 현재까지도 진행되고 있었다. 실내가 어두울 정도로 조도를 낮추는 것은 기본이었다(사실 스웨덴은 어디를 가나 대체로 조명이 어두운 터라, 박물관에 있을 때도 특별히 보호를 위해 어둡게 했다는 생각이 들지는 않았다).

배가 오랫동안 바닷속에서 원형 그대로 보존된 것도 신기하지만 '원형 그대로' 인양한 기술도 대단했다. 처녀 출항한 배가 침몰했다는 '치명적 결함'은 오간 데 없이 사라졌다(무엇보다 이 기술이 대단한 것 같다). 어쨌든 스웨덴은 바사호를 인양한 뒤 세계적으로 가장 뛰어난 인양 기술을 지닌 나라가 되었고, 이 때문에 2010년 3월 천안함 침몰 사건이 발생했을 때 침몰 원인을 규명할 합동 조사단으로 오스트레일리아·미국·영국 등과 함께 참여했다.

당시 우리 국민들은 젊은 장병들의 목숨을 앗아간 천안함 침몰 사건에 대해 정확히 알기를 원했지만 정부의 정보 비공개와 잦은 말 바꾸기로 불신이 팽배해 있었다. 그래서 중립국인 스웨덴이 참여해 조사의 '공정성'과 '객관성'이 확보되어 침몰 원인이 명확히 밝혀지기를 더욱더 바랐다. 하지만 안타깝게도 민군 합동 조사단의 조사 결과가 발표된 이후에도 과학적 검증과 일치하지 않는다는 지적과 함께 여러 의혹이 제기되었다. 여전히 진실이 완전히 규명되었다고 볼 수 없다. 게다가 이 사건을 계기로 남북 관계는 급속도로 악화되었다. 17세기 스웨덴의 배가 21세기 대한민국 국민의 삶에 영향을 미쳤다.

렘브란트 자화상이 걸려 있는 스웨덴 국립박물관

1520년부터 현재까지 스웨덴 사람들의 생활을 엿볼 수 있다는 노르딕 박물관Nordiska Museet을 그냥 지나친 것은 못내 아쉽다. 바사 박물관 가는 길에 볼 수 있는, 르네상스 시대의 성처럼 거대하고 우아한 건물이 노르딕 박물관인데 1907년에 지어졌다고 한다. 우리가 갔을 때에는 건물 전면에 바늘이 그려진 커다란 현수막이 걸려 있었다. 이곳은 일종의 '생활사 박물관'이다. 인형의 집부터 식기류, 가구에 이르기까지 사람들이 실제 사용하던 물건들이 전시되어 있다고 한다. 기회가 된다면 꼭 가보고 싶다.

좀 더 여유 있는 일정으로 스톡홀름에 온다면 며칠 동안 박물관만 돌아봐도 좋을 것 같았다. 구석구석 박물관이 참 많다. 박물관 도시라 해도 과언이 아니다. 하지만 박물관 입장료가 보통 1인당 1백 크로나 (약 1만7천 원) 정도다. 싼 편이 아니라(고 쓰고 '매우 비싼 편'이라고 읽는다) 경제적 압박감은 심하게 느껴질 것이다. 기왕 언급했으니, '스웨덴은 물가가 비싸다. 웬만한 건 이해하자.'라고 끊임없이 자기 최면을 걸어 봤지만, 도대체 왜 박물관 입장료를 이렇게 비싸게 책정해 놓은 것인지 이해가 가지 않았다.

우리나라 공공 박물관의 입장료는 보통 1천~3천 원이다. 민간 사설 박물관이라도 5천 원 정도에 불과하다. 국립중앙박물관, 국립민속박물관, 국립고궁박물관 등 국립박물관의 입장료는 모두 무료이고, 특별 기획전이 열릴 경우에만 1만 원 이상으로 입장료가 올라간다. 스웨덴 국립박물관의 입장료는 무려 130크로나(약 2만1천 원)나 했다. 화장실에 이어 우리나라가 우위에 있는 것을 찾았다. 박물관 입장료가 싼 나라에 살아서 정말 행복하다.

스웨덴 국립박물관은 사전 정보 없이 다른 일정 도중 틈을 내어 찾아갔다. 스톡홀름이 그리 큰 도시가 아닐뿐더러 박물관이 시내 복판에 있어 찾아가기 쉬웠다. 국립박물관에는 17세기의 각종 유물과 유명 화가들의 그림이 있었다. 전시되어 있는 유물의 수준은 기대에

1907년에 지어진 노르딕 박물관(위)은 일종의 '생활사 박물관'이다.
노벨과 역대 노벨상 수상자를 기리고자
세워진 노벨 박물관(아래)은 감라스탄 한가운데 있다.

못 미쳤으나 스웨덴 왕족들의 생활과 귀족 문화, 그들의 정신세계에 대해 좀 더 알게 되었다. 세계 각지의 공예품과 가구를 모아 놓은 것은 실망스러웠다. 바이킹의 나라에서 만난 동양의 골동품은 교역의 역사보다는 약탈과 침략의 상징으로 다가왔기 때문이다. 스웨덴이 각각 러시아·덴마크와 치른 전쟁에서 승리하는 등 강대국으로 전성기를 누리던 17세기의 유물이라 그런 느낌이 더 강하게 들었다.

하지만 그림을 보며 유물에서 느낀 실망을 충분히 달랠 수 있었다. 경매에서 사왔다는 마네·모네·고흐·고갱·루벤스·르누아르의 원작이 대수롭지 않다는 듯 아무렇지 않게 벽에 걸려 있었다. 그림과 나 사이를 가로막는 어떤 제약도 없었다. 2005년 9월에 도둑맞았다가 5년 만에 되찾았다는 렘브란트의 자화상에만 특별한 보안장치가 되어 있었다. 우연히 들어간 박물관에서 이런 그림을 보게 되다니 이렇게 운이 좋아도 되나 싶었다. 마네가 그린 〈파리의 여인〉은 실제 사람 크기의 작품이었는데 도도하면서도 기품 있는 눈매의 그녀가 내게 말을 거는 것 같았다. 시대를 건너 마네·모네·고흐·고갱 등이 나에게 다가왔다. 스웨덴 국립박물관은 나의 박물관 사랑에 하나의 감동을 더했다. 어느새 입장료는 잊어 버렸다.

노벨 박물관에서 만난 삼성

오후가 되어 어스름이 깔릴 즈음 다시 감라스탄을 찾았다. 노벨 박물관은 감라스탄 한가운데 있다. 노벨이 자신의 재산을 기증해 인류에게 가장 큰 공헌을 한 사람에게 시상하도록 한 노벨상에 대해서는 누구나 알 것이다. 노벨 박물관은 노벨과 역대 노벨상 수상자를 기리기 위한 박물관이다. 노벨 박물관 앞 작은 광장에도 크리스마스 마켓(거리 상점)이 열렸다. 따끈한 와인 주스와 튀긴 아몬드, 치즈 등을 무료로 시식할 수 있었다. 스칸센에서도 그랬지만, 친절한 미소를 보이며 무료 시식을 권하는 사람들은 스웨덴 민간 홍보 대사로 손색이 없다. 즐거운 시식의 유혹을 뒤로하고, 원래 목적지인 노벨 박물관에 들어섰다. 노벨상 시상식 기간에 노벨 박물관을 오다니 이 또한 크리스마스 선물 아닌가.

노벨상 위원회는 해마다 12월 10일 스웨덴 스톡홀름에서 문학·물리학·화학·의학·경제학 부문 노벨상 시상식을, 노르웨이 오슬로에서 노벨 평화상 시상식을 연다. 하지만 2010년 12월 10일 오슬로에서 열린 시상식은 그다지 평화롭지 않았다. 시상식장 안에는 망명 중인 중국 민주화 운동가들이, 바깥에는 시상에 항의하는 시위대가 있었다. 노벨평화상 수상자 류샤오보劉曉波는 중국 정부가 불허해 시상식에 참석하지 못했으며 무대에 놓인 빈 의자에 커다란 그의 초상화가 걸렸다. 류샤오보에게 시상하는 이유는 '평화적 민주화 운동'이었으나 중국 정부는 '내정 간섭'이라며 강하게 반발했고, 러시아와 이란 등 10여 개

국 사절 또한 중국에 동조해 시상식에 불참했다.[3]

노벨 박물관에서는 노벨상 시상식 기간을 맞아 1989년 노벨평화상을 수상한 달라이 라마의 특별전이 열리고 있었다. 달라이 라마도 티베트 독립을 위해 중국과 맞서는 인물이니 특별전이 순수한 의도로 보이지는 않았지만, 그와 별개로 티베트에 독립과 평화가 찾아오기를 진심으로 기원했다.

노벨 박물관에는 한글 안내문이 있다고 해서 기뻤는데(실제로 확인해보지는 못했다) 한글 안내문이 놓인 이유가 삼성 때문이라고 한다. 삼성전자는 노벨 박물관에 TFT-LCD 모니터와 DVD 플레이어 등을 공급했고, CD와 MP3 겸용 플레이어인 'CD-Yepp'은 디지털 시대의 상징물로 영구 전시된다고 한다. 또한 삼성은 2007년부터 2010년까지 세계 각국에서 개최된 '알프레드 노벨과 그의 시대' 전시회의 독점 후원사였다.[4] 노벨 박물관에서 만나는 삼성. 기분이 묘하다. 세계 평화와 인류의 진보를 위한 이곳에서 결코 만나고 싶지 않은 존재다.

삼성이 벤치마킹하려고 했다던 스웨덴 최대 자본 발렌베리Wallenberg 가문을 언급해야겠다. 150여 년 전에 은행업으로 시작한 발렌베리 가문은 5대째 세습 경영 체제를 유지하고 있다. 11개 상장회사로 구성되어 있으며 스웨덴 전체 상장 기업 시가총액의 40퍼센트 이상을 차지하고 있다.[5] 또한 간접적으로 스웨덴 국민총생산GNP의 약 3분의 1을 통제하고 있다.[6] 이처럼 막강한 거대 기업 가문이지만 이 가문의 문제가 심각하게 대두된 적은 없다. "있으되 보이지 마라."Esse non Videri라는 가훈에 따른 현명한 처신도 영향을 미쳤겠지만 사회와의 공존을 추구한 것

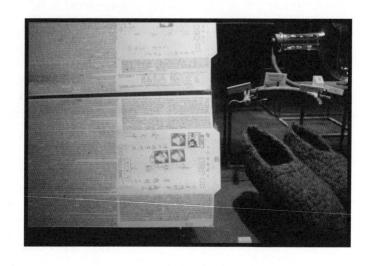

노벨 박물관 상설 전시관에는 김대중 대통령의 옥중서신과
옥중에서 사용했던 슬리퍼가 전시되어 있다.
붉은 슬리퍼는 이희호 여사가 털실로 짠 것이고,
예전 양심수들이 대부분 그랬듯 한 장의 서신에는
작은 글씨가 빽빽이 쓰여 있었다.

이 역설적으로 거대 기업 가문의 생존을 보장했다.

350조 원에 달하는 발렌베리 가문의 이익은 5개 재단에 귀속되어 재단이 관리한다. 개인의 돈이 아니다. 물론 가문의 일가는 다른 사람들보다 보수를 많이 받겠지만, 회사는 그들의 것이 아니다. 발렌베리 가문은 독점적 지위를 통해 얻을 수 있는 '더 많은 이윤'보다 '사회와 함께하는 지속적 생존'을 택했다. 이들이라고 왜 '최대 갑부'의 모든 것을 누리고 싶지 않았겠는가. 다만, 더 오랜 기간 스웨덴 사회에서 살아가기 위한 선택이었을 것이다. 그렇게 150년을 이어 왔다. 어떤 면에서는 가장 영리한 생존 전략일 수 있다.

발렌베리 가문과 다르게, 삼성은 '언제나' 사회적 논란의 중심에 있었다. 우리 사회에서 삼성은 국가보다 우위에 있다고 해도 과언이 아니다. 세계 각지에서 삼성의 간판을 보면서도 자긍심을 느끼기 어려운 이유는, 삼성이 '우리'의 기업이 아니라 '그들 가문'의 기업이기 때문이다. 노벨 박물관뿐만 아니라 전 세계 어디에서 만나더라도 우리나라 기업의 약진이 눈물 나게 자랑스러웠으면 좋겠다.

우리가 노벨 박물관에 간 것은 고故 김대중 전 대통령 관련 전시물을 보기 위해서이기도 했다. 노벨 박물관 상설 전시관에는 김대중 대통령의 옥중서신과 옥중에서 사용했던 슬리퍼가 전시되어 있다. 붉은 슬리퍼는 이희호 여사가 털실로 짠 것이고, 예전 양심수들이 대부분 그랬듯 한 장의 서신에는 작은 글씨가 빽빽이 쓰어 있었다. 한참을 바라보는데 목으로 뜨거운 것이 올라왔다. 죽음을 넘나드는 역사의 한복판을 의연히 걸어온 김 대통령이 고 노무현 전 대통령 장례식장에서 오열하던 장면이 떠올랐다.

역사는 참으로 천천히 발전한다. 때로는 거꾸로 가는 것처럼 느껴지기도 한다. 우리는 왜 지금 여기 서있는가. 한국 사회의 대안을 모색해보겠다며 스웨덴까지 온 우리의 노력은 가치 있는 것일까. 안개, 짙은 안개 속을 헤매는 기분이었다.

주

1__ 『복지국가 스웨덴』, 182쪽.

2__ "곽정숙 의원실 입법정보 문의 회답자료"(국회 예산정책처, 2009/08).

3__ "대조적 풍경 보인 노벨평화상 시상식장 안팎"(『연합뉴스』 2010/11/12).

4__ "삼성전자, 노벨 재단 전시회 행사 4년간 공식 후원"(『연합뉴스』 2005/05/03).

5__ 주 스웨덴 대한민국 대사관 웹사이트(http://swe.mofat.go.kr).

6__ 『복지국가 스웨덴』, 38쪽.

사민당에서 듣는 보수당 이야기

사 민 당 을　찾 아 갔 다.　약속 잡기 어려웠다. 2010년 총선에서 30.7퍼센트를 득표하는 데 그쳐 집권에 실패한 데다가, 1914년 이래 최저 득표율을 기록했다니 정신이 없을 만했다. 한국의 보수 언론은 스웨덴 국민이 '복지보다 효율'을 택했다며 '북유럽 복지국가의 실패'라고 분석했는데, 정말 궁금했다. 스웨덴은 복지를 축소하고 있나? 이제 북유럽 복지국가는 무너지는 건가? 사민당은 쇠락하고 있나? 이제 사회민주주의도 실패한 건가? 스웨덴 노동운동 싱크탱크 연구소의 앤더손 소장이 "우파 연합의 승리로 복지 제도는 후퇴할 것인가?"라는 질문에 대답하기까지 걸린 시간이 그 궁금함에 대한 답인지도 모르겠다.

● 보수당이 '새로운 노동자당'이라고? [병가 수당 제도]　● 변화한 보수당과 안주한 사민당　● 스웨덴 복지 제도, 무사합니까?　● 작은 바위, 그리고 작은 촛불 [스웨덴의 중립 정책]

보수당이 '새로운 노동자당'이라고?

본격적인 일정이 시작되었다. 첫 번째 방문지는 사민당이다. 섭외하기 가장 어려운 곳 가운데 하나였다. 홈페이지에 나와 있는 번호로 전화를 거니 알아들을 수 없는 자동 응답만 반복되었고, 이메일로 보낸 공문에는 묵묵부답이었다. 출국 직전 연락이 되어 겨우 방문 일정을 잡긴 했지만 '누구'와 면담하는지는 확정되지 않았다(끝내 면담 직전까지 누구와 만나는지 알 수 없었다). 사민당은 2010년 총선에서 패배했다. 30.7퍼센트를 득표하는 데 그쳐 집권에 실패했음은 물론, 1914년 이래 최저 득표율을 기록했다. 사민당 역사상 최악의 결과였다. 정신이 없을 만했다.

스스로 '노동자당'이라고 지칭하는 스웨덴 사민당은 1889년에 창당되었다. 스웨덴 노동운동을 대표하는 초기 지도자인 아우구스트 팔름 August Palm은 사민당을 만드는 데 가장 중요한 역할을 했다. 1881년, 재단사였던 팔름은 스웨덴 남부 도시 말뫼에서 "사회민주주의자는 무엇을 원하는가"라는 유명한 연설을 한 후 전국을 돌면서 사회주의의 가치를 알렸다. 스웨덴 사민당이 혁명적 마르크스주의가 아니라 수정주

멀리서도 한눈에 확인할 수 있었던 LO와 달리
사민당사는 눈에 잘 띄지 않을 정도로 소박했다.
현관문에서 사민당의 상징인 장미 문양을 볼 수 있었다.

의·개량주의 노선을 택한 데는 팔름이 미친 영향이 크다.

사민당은 1898년 생산직노동조합연맹(LO)이 결성될 때까지 실제로 노동운동을 지도했다. 노동조합원이면 당연히 당원이 되는 등 노동조합과 긴밀히 연계를 맺으며 활동해 왔다. 노동조합 조직률이 최대 80퍼센트에 이른 적도 있는 상황에서 노동조합의 절대적 지지는 사민당의 장기 집권을 가능하게 한 핵심 요인이었다. 사민당은 노동자를 대변하기 위해 만들어진 정치조직이었다. 그리고 이를 감추지 않고, 오히려 노동자의 이익을 정치적으로 더욱 잘 대표하기 위해 노력해 왔다.

1915년에 제1정당이 되었고, 1920년에 총리를 냈으며, 1932년 단독 집권에 성공한 이후 사민당은 1976년과 1991년 단 두 번을 제외하고는 계속 정권을 잡았다. 그런 사민당이 2006년 총선에서 보수 우파 연합(이하 우파 연합)에 패배했으며 2010년 총선에서도 상황을 바꾸지는 못했다. 1976년과 1991년은 심각한 경제 위기 속에서 치러진 선거라는 외적 요인이 작용했지만, 이번 선거는 경제가 전반적으로 호황인 가운데 얻은 결과였다는 점에서 과거와 달랐다.

한국의 보수 언론들은 이를 '북유럽 복지국가의 실패'라고 분석했다. 스웨덴 국민들이 '복지보다 효율'을 택했다는 것이다. 친절한 한국의 보수주의자들은 스웨덴의 과잉 복지 문제에 대해 조언을 아끼지 않았다. 정말 궁금했다. 스웨덴은 복지를 축소하고 있나? 그럼 이제 북유럽 복지국가는 무너지는 것인가? 사민당은 쇠락하고 있나? 그럼 이제 사회민주주의도 실패한 것인가? 우리는 궁금증을 풀기 위해 사민당의 여러 관계자를 만났다. 중앙과 현장, 당과 노동조합의 이야기를 모두 들어 봐야 온전히 이해할 수 있을 것 같아서였다.

가장 먼저 스웨덴 노동운동 싱크탱크 연구소Swedish Labor Movement Think Tank의 오베 앤더슨Ove Andersson 소장을 만났다. 그는 우파 연합의 전략이 우위에 있어서 사민당이 집권에 실패했다고 평가했다. 그동안 보수당 Moderaterna의 감세 주장은 고소득층을 위한 것이었는데 이번에는 반대였다는 것이다. 우파 연합을 주도한 보수당은 '새로운 노동자당' 이라는 슬로건을 내걸고 저소득층의 세금 인하를 약속했다. 이에 국민들은 "보수당이 사민당보다 더 노동자당답다."라며 보수당을 지지했다. 또한 우파 연합은 "150만 명이 노동하지 않고 수당만 받는 것은 문제"라고 지적했다. 우파 연합의 공세가 이어지자 병가 수당을 받는 150만 명은 일하기 싫어하거나 노동을 기피하고 있다는 식의 사회적 인식이 확산되었다. 결국 시민들은 제재가 필요하다는 우파 연합의 정책이 정당하다고 여기게 되었던 것이다.

보수당이 스스로를 '새로운 노동자당'이라고 주장했다는 사실이 놀라웠다. 나는 솔직히 지금까지 노동자 정당은 진보 정당이 유일하다고 생각해 왔다. 보수정당은 '기득권층'에 기반을 두고 있기 때문에 이미 기득권을 획득한 이들의 이익을 위해 복무할 수밖에 없다고 여겼기 때문이다. 진보 정당은 유일한 노동자 정당이라는 것만으로도 집권의 당위성이 획득된다고 여겼다.

그러나 고정불변한 것은 없다. '정치는 생물生物'이다. 지금까지 한국 사회에서 노동자 정당은 진보 정당이 유일했지만, 보수주의자들도 얼

병가 수당 제도

안심하고 아플 수 있는 최소한의 안전장치

스웨덴의 의료보험 제도 관련 법은 1947년에 제정되었다. 1955년에 전 국민을 포괄하는 보편적 의료보험 제도가 시행되었고, 1962년에는 국민 모두를 대상으로 하는 〈종합사회보험법〉이 제정되었다. 이에 따라 스웨덴 시민권을 소지한 사람이나 거주 등록을 마친 외국인은 공공 사회보험에 가입할 자격이 인정되어, 무상 의료 서비스 혜택을 받을 뿐 아니라 질병으로 노동이 일시 혹은 장기간 중단될 경우 임금·소득 손실이 보전된다. 병이 발생한 첫날부터 누구에게나 병가 급여를 받을 권한을 부여하는 것이 병가 보험의 원칙이다.

그러나 1991년 이후 상병傷病 중 발생하는 소득 손실에 대한 책임을 세 주체가 분담하는 제도를 도입했다. 우선 첫날 혹은 1일 병가는 본인이 부담하며, 2일부터 14일까지는 고용주가 부담한다. 그 외에는 사회보험청이 총체적으로 책임을 진다. 고용주에게 부담을 지우는 것은 노동자의 건강에 대해 책임 의식을 갖고 관심을 기울이게 하려는 의미가 크다.

병가 급여는 대체로 소득의 80퍼센트가 지급된다. 국가가 모든 사람의 소득 손실에 대한 책임을 똑같이 지지는 않는다. 고소득자에게는 사회보장의 한계를 부여하고, 저소득자에게는 최소 보장의 기준을 마련해 병가 급여에 적용한다. 즉 고소득자는 병가 급여에 (소득의 80퍼센트라는 기준 대신) 상한선이 있어서 그 이상 수급할 수 없다. (노동조합마다 다소 차이는 있으나) 노동조합원은 조합과 고용주 사이에 체결한 협약에 따라 10퍼센트가량의 수당을 더 받기도 한다.

또한 실직 상태나 학업 중이라도, (실직 상태 이전 혹은 학업 중의 소득에 비례해) 병가 급여가 지급된다. 학자금을 대출받아 대학을 다니다가 장기 질병 탓에 학업 진도가 부진한 경우에는 대출금에 대한 반환액이 감면되기도 한다.

_『복지국가 스웨덴』, 245, 247~248쪽 참조.

앤더슨 소장은 "우파 연합의 전략이 우위"였다고 평가했다.
국민들은 '새로운 노동자당'이라는 슬로건을 내걸고
저소득층 세금 인하를 약속한 보수당이
"사민당보다 더 노동자당답다."라며 지지했다는 것이다.

마든지 노동자 정당을 표방할 수 있다. 심지어 노동자를 위한 정책을 펼칠 수도(또는 펼치는 척할 수도) 있을 것이다. 비단 노동 영역뿐이겠는가. 생태, 평화, 인권, 성 평등과 같이 진보 진영의 전유물이라고 생각했던 영역들도 다 마찬가지다.

기억을 되짚어 보면 보건복지위원회의 한나라당(이하 당시 정당명으로 표기) 국회의원들도 종종 민주노동당 국회의원이 할 법한 발언을 해왔다. 기초생활보장제도 개선이나 장애인의 권리를 말했으며 빈곤 아동에 대한 종합적 지원책 수립, 노숙인 인권 보장과 지원 정책을 촉구했다. 상임위원회 회의장에서는 곧잘 "조금 전에 민주노동당 ○○○ 의원님이 말씀하셨는데 저도 같은 질문을 하겠습니다."라는 발언이 등장한다. 2010년 당시에는 한나라당의 한 의원이 참여연대가 주최한 '최저생계비로 한 달 나기' 행사에 참여하기도 했다. 누가 그들에게 진정성이 없다고 할 것인가.

17대 국회 때만 해도 한나라당·민주당·민주노동당에서 제시한 복지 정책의 차이는 분명했다. 민주노동당은 복지 확대를 주장했고, 한나라당은 선별적 복지 강화와 부정 수급으로 인한 복지 재정 누수 방지를 주장했으며, 당시 여당이던 민주당은 복지 확대에 동의했지만 정부가 아니라 '민간'에 의한 확대를 추진했다. 하지만 18대 국회에서 복지 영역은 뒤죽박죽되었고, 지금도 겉으로 드러나는 '말'만 들어서는 정당 간 차이가 잘 느껴지지 않는다.

사실 보수주의자가 '냉혈한'의 동의어는 아니다. 가난한 이들의 삶과 사회적 약자의 권리가 지켜지지 않는 현실에 대해 안타까워하는 이들도 있다. 시장 자유주의를 신봉할 뿐이지 그 폐해마저 도외시하지는 않는다. 또 경찰의 폭력적인 진압에 대해서 '후진국 문화'로 생각하는 이들도 있다. 그들은 대화와 타협을 소리 높여 말한다. 한국의 보수정 당은 점점 더 진화할 것이다. 진심으로 한국 사회를 걱정하고, 민주주의를 신봉하는 영리한 신진 보수 세력도 등장할 것이다. 이들은 시장 자유주의를 보존하기 위해 진보 정당의 정책을 차용할 가능성도 높다. 2012년 총선을 앞두고 한나라당이 무상 보육을 적극적으로 추진한 것도 같은 맥락이다. 선거 시기 민심을 얻기 위한 의도로 볼 수도 있지만, 한번 도입한 복지 제도는 여간해서 후퇴시키기 어렵다는 점에 비추어 볼 때, 그저 '선거용'이라고 폄하할 수는 없다. 무상 보육의 필요성에 공감하지 않고서는 그렇게 나설 수 없는 일이다.

보수정당이 진보 정당의 정책을 그대로 따르는 사례는 또 있다. 민주노동당이 무상의료의 일환으로 추진했던 영유아 예방접종 무상 실시가 이명박 대통령의 국정과제에 그대로 포함된 바 있다. 어린아이들의 국가 필수 예방접종을 민간 병·의원에서도 무료로 실시하도록 지원하자는 내용의 〈전염병예방법〉 개정안은 2006년 만장일치로 통과되었지만, 당시 참여정부의 반대로 예산이 편성되지 않아 시행이 늦어지고 있는 터였다. 얄궂게도 정부가 예산을 편성하지 않는 사이, 2009년 강남구가 지자체 예산으로 '만 12세 이하 필수 예방접종비 전액 지원 사업'을 실시했다.

진보 정당이 헤쳐 가야 할 길은 지금까지보다 더 험할지도 모른다. 우리끼리 자족하며 내는 목소리로는 순결성은 보장받을지 몰라도 '정당'으로서 생존은 위태할 것이다. 진보 정당은 '진보'의 정체성은 지키되 달라져야 한다. 이 형용모순을 어떻게 실현하는지에 우리의 미래가 달려 있다. 우리는 좀 더 빨리, 좀 더 명확해져야 한다.

변화한 보수당과 안주한 사민당

선거는 모든 것이 구체적으로 드러나는 시기다. 스웨덴의 보수정당, 즉 보수당, 자유당Folkpartiet, 중앙당Centerpartiet, 기독교민주당은 선거가 있기 2년 전부터 연합 체제를 구축해 정책과 선언문을 조율하고, 공동 선거공약을 발표하는 등 적극적으로 연합했다. 보수당은 낡은 이미지를 극복하기 위해 38세의 젊은 당 대표를 내세웠고, 작은 차이에 연연하지 않고 굳건히 단결했으며, 자신의 고유한 정책을 변경해 좌파 정책을 수용할 정도로 '모든 것'을 바꿨다.

반면에 사민당을 비롯한 좌파 정당은 일상적 협조에 머무르며 우파 연합에 별다른 대응을 하지 않았다. 2010년 선거 직전에 이르러서야 위기의식을 느껴 좌파 연합을 결성하려 했지만 시기가 늦은 탓에 공약만 표류시켰을 뿐이었다. 게다가 사민당 내부에서조차 좌파 연합에 동의하지 않는 사람들이 있었다. 그중 절반은 좌익당Vänsterpartiet을, 나머지 절반은 환경당Miljöpartiet de Gröna(또는 녹색당)을 싫어했다.

여기에는 지도력 부재도 한몫했다. 사민당 대표 모나 살린Mona Sahlin은 처음에는 환경당과만 연합하겠다고 밝혔다. 환경 파괴에 대한 위기

감 속에서 환경당의 정책에 사민당도 동조하는 분위기가 있었기 때문이다. 하지만 모나 살린 당 대표의 방침에 반대하는 흐름이 노동조합을 중심으로 생겨나 좌익당과도 연합할 것을 강력히 요구했다. 모나 살린은 애초의 자기 입장을 철회하고 그 의견을 받아들여 좌익당까지 포함한 좌파 연합을 구성해 공동 공약을 내는 데 이르렀지만 앞서 밝힌 것과 같이 좌익당과 환경당을 싫어하는 세력들로부터 또다시 공격을 받았다. 안팎으로 시달려야 했던 것이다.

마음이 불편했다. 보수당은 변화했고, 사민당은 안주했다. 보수당은 대안을 내세웠고, 사민당은 비난만 했다. 우파는 차이를 극복했고, 좌파는 갈등만 야기했다. 우파의 연합은 굳건했지만, 좌파의 연합은 상처만 남겼다. 보수당이 하는 것을 왜 사민당은 못했을까? 그 이유에 접근해야 사민당이 패배한 진짜 원인을 찾을 수 있지 않을까 싶었다. 앤더슨 소장에게 좌파 정당들의 이념적 차이에 대해 물었다.

❝군이 차이라고 한다면 좌익당은 좀 더 급진적인 정책을 내세운다. 예컨대 좌익당은 하루 6시간 노동을 요구하지만 사민당은 6시간 노동으로는 국가 운영이 안 된다고 본다. 좌익당은 국가의 역할을 더 강조하고 있다. 정부가 더 많은 것을 소유해야 한다고 보며 세금을 더 많이 걷자고 한다. 보수당이 집권한 이후 사립학교가 많이 생기고 있는데, 좌익당은 완강하게 반대하지만 사민당은 받아들인다. 사민당과 좌익당이 서로 양보하고 협력하면서 많이 가까워지긴 했지만, 기본 문제의식의 차이는 존재한다. 좌우파는 상관

없다고 할 정도로 환경만을 절대적 가치로 여기는 환경당은, 어떤 면에서는 극좌적 요소가 있다."

솔직히 공산주의를 포기한 좌익당이 사민당과 무슨 차이가 있다는 것인지 잘 이해가 가지 않았다. 저런 정도 차이야 같은 당내에도 얼마든지 있지 않은가. 90여 년의 역사를 가진 스웨덴 좌익당은 사민당 결성 초기에는 함께했으나 러시아혁명의 영향을 받아 노동자들의 봉기에 의한 국가 체제 전복을 주장하다가 사민당과 마찰을 빚고 독자 정당을 창당했다. 소련이 몰락한 이후 정체성이 애매해졌으나 여전히 사민당과는 다른 길을 걷고 있다. 선거 패배 이후 좌파 연합은 해체되었고, 다음 선거에서 연합할지도 불투명하다고 한다. 스웨덴 사민당과 좌익당의 차이에 대한 설명을 듣는데 자꾸만 한국의 진보 정당이 떠올랐다.

나는 민주노동당 분당의 기점이 되었던 2008년 2월, 민주노동당 임시 당대회 자리에 있었다. 당시 심상정이 위원장으로 있던 비상대책위원회가 내놓은 당 혁신 방안에 대한 표결을 숨죽이고 지켜봤다. 2007년 대선 책임론에서 촉발된 정파 간 논쟁은 극한 상황으로 치닫고 있었다. 비상대책위원회가 내놓은 안건이 부결되면 이 사태를 해결할 만한 다른 수가 없었다. 하지만 안건은 부결되었다. 다리가 훅 꺾이는 기분이었다. 어느 정도 예상하고 있었지만, 그 결과를 지켜보는 심정은 예상보다 더 아팠다.

당대회 이후 집단 탈당 사태가 벌어졌고 진보신당이 창당되었다. 가까이는 가족들을 비롯해 정말 많은 사람들에게 분당의 이유와 앞으로의 전망에 대한 질문을 받았다. 나의 대답은 한결같았다. "다시 같이해야죠." 나는 민주노동당에 남았다. 분당을 겪으며, 당의 정책을 담당했던 많은 이들이 사라졌다. 내게 그러라고 한 이는 없었지만, 나는 내가 감당해야 할 일이 있다고 생각했다. 어쨌거나, 민주노동당은 내가 사랑하는 정당이었으니까.

2011년에는 통합진보당이 탄생했다. 진보신당과 민주노동당 간의 통합이 아니라 진보신당에서 나온 이들이 꾸린 새진보통합연대와 국민참여당, 민주노동당 간에 이루어진 삼자三者 통합이었다. 그토록 갈망하던 통합이었건만 통합 과정은 또 다른 상처를 남겼다. 진보 정당 간에 완전한 통합은 이뤄지지 않았고, 노동 중심성이 후퇴될지 모른다는 우려도 있었다. 그래도 우리는 기대했었다. 좀 더 국민과 가까운 정당이 되어 좀 더 많은 지지를 받을 수 있을 것이라고. 아쉽더라도 그렇게 한 걸음씩 나아가는 것이라고. 하지만 그 뒤에도 갈등과 상처는 계속되었고, 결국 통합진보당의 실험은 좌절되었다. 언제 우리는 제대로 된 진보 정당, 진보 정치를 실천할 수 있게 될까.

스웨덴 복지 제도, 무사합니까?

"우파 연합의 승리로 복지 제도는 후퇴할 것인가?"
"아니다."

앤더슨 소장은 우리가 한국에서부터 매우 궁금해했던 질문에 대해 너무 단호하게 답했다. 이러면 물어본 사람이 좀 싱거워진다. 5초만 생각해 보고 답했으면 싶다.

우파 연합이 과거에는 사민당이 추진한 복지 제도를 비난했지만 이번에는 복지를 유지하겠다고 국민들에게 약속했다고 한다. 좌우파의 집권 여부와 상관없이 복지 제도는 계속 유지되고 있으며 앞으로도 그럴 것이라고 강조했다. 또한 스웨덴에서도 과거에는 복지와 성장을 대립적으로 보는 시각이 있었으나 복지와 경제는 동반 성장한다는 것이 좌우를 막론하고 내린 결론이라고 했다.

뭐야. 한국의 보수 언론들은 스웨덴에 물어보지도 않고 '복지 후퇴'라고 보도한 거야? 왜곡 보도의 달인들이라고 하지만 이 정도면 챔피언 급이다. 분명히 말하지만, 이건 내 말이 아니라 스웨덴 사람의 말이다. 우파 연합이 승리할 수 있었던 주된 요인은 복지 제도를 유지하겠다는 공약이었다.

그렇다면 보수당과 사민당의 차이는 뭘까? 이 정도면 백지장 한 장보다도 얄팍한 차이 아닌가? 사민당과 좌익당의 차이가 명확치 않더니 이제 사민당과 보수당도 별 차이가 없어 보인다. 앤더슨 소장은 보수당과 사민당의 가장 큰 차이점은 '고용'에 있다고 한다.

보수당은 저임금 일자리를 많이 만들어 고용 자체를 늘리자고 하는데, 사민당은 이에 반대한다는 것이다. 사민당은 임금을 낮춘다고 일자리가 늘어나는 것이 아니며, 임금 경쟁을 해서는 저임금 국가와의 경쟁에서 이길 수 없다고 주장한다. 사민당은 고학력·고임금 일자리를 늘리는 것이 더 나은 해결 방안이라고 보았다. 이를 위해 교육에 더욱 적극적으로 투자해 스웨덴 산업의 강점을 살려야 한다고 강조한다.

'고임금' 일자리를 늘리는 것이 위기를 극복하는 방법이라니 부럽다. 그렇게 멋진 대안을 당당히 말할 수 있어서. 최저임금 1천 원을 올려 달라고 목소리 높여 싸우는 우리 현실이 떠올랐다. 이런 시장구조는 어떻게 형성된 것일까. 경제학 공부를 좀 더 해야겠다는 생각이 동시에 떠오른다. 특히 세계경제의 흐름에 대해서 제대로 파악하지 못하고 우리 사회의 대안을 말하는 것은 '코끼리 다리 만지기'일 뿐이라는 생각이 들었다.

다른 질문을 했다. 복지 제도를 유지하겠다는 공약으로 우파 연합이 집권했다고 하지만 우파 연합이 집권한 이후 상속세와 부유세가 폐지됐고, 조세부담률도 낮아졌다. 감세는 결국 복지의 후퇴로 이어질 텐데 여기에 대책이 있는지 물었다.

❝사민당은 소득의 50퍼센트 정도는 세금을 부과해야 복지 제도가 유지될 수 있다고 본다. 그런데 보수당은 세금을 소득의 45퍼센트 수준으로 깎았다. 당연히 세입이 줄어들었다. 그래서 지금 어떤 세금을 올려서 세입을 맞춰야 할지 고민이다. 폐지된 주택세(부유세)를 되살릴 것인지 아닌지가 중요한 쟁점이다. 자산 가치가 증가하더라도 실소득이 늘어나는 것은 아니라서, 자산에 세금을 부과하는 정책에는 서민들이 잘 호응하지 않는다. 게다가 한번 낮춘 세금을 다시 올리기란 정말 어렵다. 그래도 긍정적인 것은 여론 조사

결과 4명 중 3명이 세금을 올려서 복지 제도를 유지해야 한다는 데 동의했다는 사실이다."

이 주제에 대해서는 지금 토론 중이라고 한다. 사실상 현재로서는 대책이 없다는 뜻이다. 어렵게 만난 사민당 관계자인 만큼 궁금한 것들을 속사포처럼 쏟아 냈다. 사민당이 생산직 노동자와 유독 파트너십이 강한 이유에 대해서 물었다.

❝노동자들이 사민당을 만들었으며 사민당의 지원으로 생산직 노동자가 중심이 된 LO가 결성되었다. 사무직 노동조합은 나중에 생겨서 사민당과 직접적인 관련은 없지만, 최근에는 사무직 노동조합은 물론 다른 노조와의 협력도 증가하고 있다. 사안별 협력이긴 하지만 국제 활동에서는 각 노동조합들이 함께 활동하고, 사무실도 같이 쓴다."

역사적 연원이 남다른 만큼 사민당과 생산직 노동자가 서로 긴밀한 관계를 유지하는 것은 당연해 보인다. 하지만 사무직·전문직 노동자가 급속도로 늘어 가고 있는 현대사회의 경향을 고려한다면 이들과 새로운 관계를 맺기 위해 좀 더 적극적으로 나서야 하지 않을까 싶다.

최근 한국에서는 자동차 산업이 해외 매각되면서 노동자들이 엄청난 피해를 입었다. 스웨덴의 경우 같은 상황에서 어떤 결과가 발생했는지도 물었다.

66 스웨덴은 누가 소유하는지보다 경영이 중단되지는 않을지를 더 걱정한다. 사용자와 노동조합이 정한 원칙이 유지되고 있기 때문에 현재는 별 문제없다. 매각 이후에도 동일노동 동일임금은 그대로 유지되고 있다. 기업이 문을 닫을까 봐 가장 걱정스러운데, 사브SAAB처럼 작은 기업이 더욱 그렇다."

이들은 해외 자본이 자국 기업을 소유하는 것에는 별다른 거리낌이 없었다. 온갖 혜택을 받아 싼값에 우량 기업을 사서는 대량 해고를 통해 기업 가치를 높인 뒤 다시 매각하는, 외국계 기업의 이른바 '먹튀' 경험이 없기 때문이다. '먹튀 자본'도 나라 보고 들어온다.

더 궁금한 이야기는 노동조합 관계자를 만나 더 깊이 나누기로 하고, 사민당에만 할 수 있는 질문을 했다. 지금 사민당에 닥친 위기를 어떻게 극복해 갈 것인지 이후 대책을 물었다.

66 선거 패배 후 당에 비상대책위가 생겼다. 이들의 임무는 3월 특별 당대회까지 해결책을 마련하는 것이다. 신문과 방송을 통해 공개적이고 광범위한 토론을 갖기로 했다. 그리고 일단은 좌파 연합을 해체하고, 다른 당에는 휴지기를 갖자고 제안했다. 다음 선거에서도 연합할지는 장담하기 어렵다. 현재는 LO 중앙과의 협력을 강화하는 방안을 검토하는 한편, 사무직노동조합연맹TCO과 협력할지 여부를 고민하고 있다. 노동자에게 좋은 것이 모두에게 좋다고 할 수 있으니 노조와는 협력 관계를 유지할 가능성이 높다."

앤더슨 소장은 지금 상황에서 중요한 것은 사민당이 새로운 정책을 수립하는 것이라고 했다. 아마도 '모든 사람을 위한 정당'을 표방하게 될 것이라면서, 평등·자유·단결을 발전시키기 위한 사민당의 기본 정책은 유지될 것이라고 했다.

설명과 질의·응답을 마치며 앤더슨 소장은 자세한 자료가 필요하면 연구소 홈페이지에 들어가 보라며 주소를 적어 주었다. 나도 모르게 폭소를 터트리고 말았다. 앤더슨 소장도 따라 웃었다. 연구소 홈페이지 주소는 'www.arbetarrorelsenstankesmedja.se'다. 각종 데이터를 비롯해 풍부한 자료가 있으니 궁금하면 들어가 보시길. 단, 스웨덴어로 되어 있다는, 매우 사소한 단점이 있긴 하지만.

그리고 처음에는 우리가 찾은 연구소가 사민당 산하에 있다고 들었는데 나중에 자료를 보니 LO, 사민당, (시민교육 기관의 일종인) 노동자교육협회Arbetarnas Bildningsförbund, ABF 등 세 단위가 연구소의 공동 멤버였다. 처음부터 한 몸이었으니 함께 연구소를 만들었다고 해서 놀라운 일은 아니지만 노동자·당·시민단체가 공동으로 연구소를 운영한다는 사실은 부럽기 그지없었다.

앤더슨 소장의 설명을 들으니, 우파 연합이 집권하더라도 한국의 보수 언론이 호들갑을 피우듯 '복지국가의 몰락'으로 이어지지는 않을 것 같아 마음이 놓였다. 반면에 선거에서 패배한 사민당의 고민을 듣노라니 우리 당의 상황이 떠올라 마음이 아팠다. 보수는 정권 창출을 위해서라면 단결도 곧잘 하고, 고통을 감내하는 변화도 서슴지 않는데 진보는 방향을 잃고 헤매기 일쑤다.

사민당이 지금 엄청난 후폭풍에 휩싸여 있는 것은 분명했다. 약속을 잡기도 힘들었을뿐더러 찾아가서도 물 한 잔 얻어 마시지 못했다. 당 대표도 사퇴하고, 비상대책위를 꾸려 당대회를 준비하고 있는 상황이니 정상적으로 운영되리라고 기대하기는 어려웠다. "인간의 자유를 위한 전제 조건이 고용"이라는 멋진 말을 남긴, 사민당 최초의 여성 당 대표 모나 살린이 대표직에서 사퇴하면서, 다음 대표는 소신껏 당을 이끌어 갈 수 있게 지지해 달라고 말했다고 한다. 선거 과정에서 외부의 공격보다 내부에서 벌어지는 갈등을 다루기가 얼마나 힘들었을지 느껴졌다(나는 지금 남의 나라 당 대표와 왜 교감하고 있는 건지. 우리 당 대표와의 교감도 힘들었는데). 사민당이 '노동자를 위한 정당에서 모든 사람을 위한 정당으로'를 어떻게 실현할지 두고 볼 일이다.

작은 바위, 그리고 작은 촛불

사민당에서 나와 아돌프 프레드릭스 교회Adolf Fredriks kyrka에 있는 올로프 팔메Olof Palme 총리의 묘소에 들렀다. 2011년이 그의 사망 25주년이었다. 작은 교회 마당에 있는 소박하디소박한 작은 바위가 그의 비석이었다. '올로프 팔메'라는 이름만 쓰인 바위 앞에는 작은 촛불이 켜져 있었다. 그가 괴한의 총에 맞아 쓰러진 곳에 새겨진 표지석도 찾아보았다. 핏자국이 지금도 남아 있다는데 소복하게 쌓인 눈에 가려 확인하기는 어려웠다.

스웨덴의 중립 정책

세계대전 중립부터 반핵까지

제2차 세계대전 때 스웨덴에 인접한 덴마크와 노르웨이는 독일에 점령당했고, 핀란드는 소련으로부터 공격당해 엄청난 인명이 희생되고 국토를 상실했다. 그에 반해 스웨덴 지도층은 독일과 소련은 물론 영국 등의 연합국 사이에서, 때로는 격심한 비난을 감수하면서까지, 어떤 무력 분쟁에도 휩쓸리지 않는 정치적 수완을 발휘했다. 스웨덴은 이런 전통을 이어 전후 시기에도 중립 정책을 지켜 가며 미국과 소련 사이의 냉전에 개입하지 않고 분규에 휩쓸리지도 않았다. 스웨덴은 지금도 평양에 대사관이 주재해 있고, 한국과도 대사급 관계를 유지하고 있다.

이 같은 중립주 전통은 스웨덴으로 하여금 제3세계에서 발생한 분쟁을 중재하는 역할을 도맡게 해 중동과 아프리카 지역의 평화를 위해 기여해 왔다. 유엔 사무총장이었던 다그 함마르셸드Dag Hammarskjöld는 절정에 이른 냉전기에 세계 평화를 위해 공헌한 점에서 '적극적 사무총장'의 시초로 불리며, 최초로 '사후에' 노벨평화상을 수상했다. 반핵 운동에 공헌한 알바 뮈르달Alva Myrdal도 유명하다. 그는 제네바 군축 회담의 스웨덴 대표이자, 1968년 스웨덴의 핵 보유 포기 선언에 기여한 공로로 1982년 노벨평화상을 받았다.

_『복지국가 스웨덴』, 32~33쪽 참조.

1969년 42세에 사민당 대표 겸 최연소 총리가 된 그는 〈고용안정법〉과 〈노동자경영참여법〉 등을 제정해 북유럽 사회민주주의 모델을 확립했다. 1976년 선거에서 한 차례 패배해 물러났지만 1982년 총선에서 사민당이 승리하면서 다시 총리가 되었다. 팔메 총리는 공개적으로 베트남전쟁에 반대하는 등 미국의 패권주의에 맞서 첨예한 대립각을

올로프 팔메 총리의 묘소에 들렀다.

작은 교회 마당에 있는 소박하디소박한 작은 바위가 그의 비석이었다(왼쪽).

'올로프 팔메'라는 이름만 쓰인 바위 앞에는 작은 촛불이 켜져 있었다.

그가 괴한의 총에 맞아 쓰러진 곳에 새겨진 표지석(오른쪽)도 찾아보았다.

세운 것으로 유명하다. 1968년 교육부 장관 시절, '스웨덴 베트남 위원회'가 주최한 반전 집회에 참석해 베트남전쟁에 반대하는 연설을 했으며, 1972년에는 국영 라디오 방송에 출연해 미국의 하노이 폭격을 나치의 게르니카 폭격이나 집단 수용소의 학살과 다를 바 없는 대량 학살이라고 비판했다. 이 때문에 미국은 두 차례에 걸쳐 스웨덴과 외교 관계를 동결했다.[1]

1986년 2월 어느 휴일에 경호원을 쉬게 하고 가족과 함께 자신의 아파트 근처 스베아베겐Sveavägen 거리의 영화관에서 영화를 보고 나오다 피살되었다. 시내 한복판에서 총리가 총에 맞아 죽었는데 살해범을 못 잡은 것은 물론 이 사건은 아직도 미궁이다. 불과 25여 년 전 지구상에서 가장 안전하고, 가장 살기 좋은 나라에서 일어난 일이다. '팔메 총리의 사망이 과연 미국과 아무런 관련이 없을까?'라는 생각이 제일 먼저 들었다. 증명할 길은 없지만 정황은 그런 의심을 사기에 충분하다. 그리고 '작은 비석 하나' 세워 달라던 고 노무현 대통령이 떠올랐다. 팔메 총리의 묘소에 세워진 '작은 비석'을 보며 연상된 것이겠지만, '갑작스러운 죽음'이라는 공통점 때문에 떠오른 것 같기도 하다.

주
1_ 『복지국가 스웨덴』, 51쪽.

복지국가 여행기
SWEDEN

6

청바지 입은 4선 의원의 사민당 이야기

스웨덴 국회인 릭스다그에 가니, 잘 생기
고 젊고 늘씬한 남자가 나타났다. 면회실에서 만난 우리를 직접 회의실까
지 안내한 이 사람이 당내 서열 2위이자 4선 의원인 위게만 의원이었다. 그
와 이야기하며 '사민당의 진짜 위기는 위기라는 사실을 모른다는 데 있다.'
는 생각이 들기도 했다. 하지만 그는 '경제적 이유'를 들어 사회 안전망의
필요성에 대해 설명했고, 사민당은 우파 연합처럼 일하는 자와 일하지 않
는 자로 구분해 정책을 펴지 않겠다고도 했다. 릭스다그를 나서며, 노동
자가 정치권력으로부터 소외된 사회는 진정한 민주주의 사회라고 할 수
없다는 사실만큼은 단단히 확인할 수 있었다.

4선 의원의 자존심에 흠집을 내다 [스웨덴의 선거제도]　　사회 안전망이 있어야 안심하고 투자한다

4선 의원의 자존심에 흠집을 내다

스웨덴에서 만난 사람들 중 가장 지위가 높은 분을 만날 차례다. 지금은 사퇴한 사민당 대표 모나 살린에 이어 당내 서열 2위의 실력가 안데르스 위게만Anders Ygeman 의원이다. 자그마치 15년이나 국회의원을 했고 현직 교통위원회 위원장이니, 우리로 따지면 관록과 권위가 덕지덕지 붙은 4선 의원쯤 되겠다.

그런 분위기를 상상하며 의회 면회실에서 기다리고 있는데, 잘 생기고 젊고 청바지 차림을 한 늘씬한 남자가 나타났다. '설마 이 사람이 의원인가?' 싶었다. 면회실에서 만난 우리와 함께 엘리베이터를 타고 직접 회의실까지 안내하는 이 사람이 당내 서열 2위의 4선 의원이었다. 비서는 없느냐고 물어봤다. 도와주는 사람이 한 사람 있긴 한데 지금 바쁘단다. 스웨덴 의원들은 모든 일을 스스로 해야 한다고 덧붙인다. 당연한 얘기인데 왜 그리 낯설게 들리는지. 손님인 우리가 사무실 한쪽에 놓인 커피포트에서 손수 커피를 따라와 마셨다(하마터면 위게만 의원의 커피까지 따라다 줄 뻔했다). 청바지에 하얀 셔츠를 입은, 비서도 없는 국회의원과 함께 교통위원회 회의실에 앉아서(국회의원 명

패가 있는 자리였다. 대한민국 국회에서는 의원 본인 말고는 앉을 수 없는 자리다) 사민당의 현재 상황과 총선 평가에 대해 대화를 나누었다.

"사민당이 총선에서 참패했는데 왜 이렇게 되었나? 사민당의 대책은 무엇인가?" 인사를 나누자마자 했던 첫 질문이었다. 따뜻한 미소를 보이던 위게만 의원의 표정이 갑자기 굳는다.

"사회 현실은 보는 각도에 따라 견해가 다양할 수 있다. 이번 선거는 1914년 이후 최저 득표율을 기록해 사민당으로서는 최악의 선거였다. 비록 중요한 지지자를 많이 잃기는 했지만, 사민당은 여전히 지지자가 2백만 명에 달하는 최고의 정당이다."

정확하게는 그전 선거보다 11만5천 명이 줄어든 183만 명이 사민당을 지지한 것이 2010년 선거였다. 의석 숫자로만 따지면 사민당이 전체 349석 중 112석을 확보하고 있으니 107석을 차지한 보수당보다 앞선 것은 사실이다. 하지만 1991년의 패배 이후 15년 만에 또다시 집권당의 자리를 내준 2006년 총선에서도 사민당은 130석을 확보했으니 2010년에는 무려 18석이나 줄어든 것이다. 반면에 보수당은 지난 선거보다 10석 늘어났다.

우파 연합 대 좌파 연합의 구도로 보면 더욱 심각하다. 우파 연합은 지난 선거보다 25만9천 표를 더 얻어 294만 표를 획득했다. 반면에 좌파 연합은 260만 표를 획득했고, 이는 지난 선거보다 4만 표 줄어든 것이다. 격차는 더 커졌다.

스웨덴의 선거제도

의원 선출 방식과 선거권

1971년부터 스웨덴 국회인 릭스다그는 1백여 년간 이어진 양원제를 폐지하고 단원제로 운영되고 있다. 의장은 스웨덴의 선출직 중 최고위직으로, 국왕에 이어 국가 서열 2위다. 정당명부제 방식을 채택하고 있기에, 원칙적으로 투표는 개인이 아닌 정당에 대한 투표로서 각 정당이 제출한 후보자 명부에서 후보를 선택해 투표한다.

총 349명의 의원으로 구성되는데, 이 가운데 310명의 지역구 의석이 각 지역구의 유권자 수에 따라 각 지역구에 배분되며, 각 정당은 지역구별로 할당된 의석수를 놓고 경쟁한다. 그리고 전국을 '1개의 선거구'로 계산할 경우, 각 정당의 예상 의석 확보 수와 지역구 의석수(310석) 중 정당별 실제 당선자 수를 비교해 의석수 차이를 보완하는 방식으로 39명의 비례대표 의석이 각 정당에 배분된다. 군소 정당의 난립을 억제하기 위해 전국 투표수의 4퍼센트 이상을 얻은 정당에 한해 전국구 의석을 배분하며, 지역구 투표에서 12퍼센트 이상을 얻은 정당에 한해 동지역구 의석을 배분하는 등 득표 하한선을 설정하고 있다.

스웨덴에서는 릭스다그 외에도 3개 의회를 선출한다. 광역 지방의회(란드스팅)와 기초 지방의회(코뮌) 선거, 그리고 스웨덴에 할당된 20석을 뽑는 유럽연합 의회European Parliament를 위한 선거. 의원 임기는 4년(유럽연합 의회는 5년)이다. 광역 및 기초 지방의회 선거는 릭스다그 선거와 같은 날에 치르며, 9월 셋째 주 일요일로 정해져 있다.

만 18세가 되면 선거권을 부여받는다. 스웨덴에 거주하고 있거나 과거 거주한 바 있는 시민권자에게 선거권 및 피선거권을 부여하고 있다. 3년 이상 스웨덴에 거주한 외국인도 지방의회 선거에 참여할 수 있다.

_주 스웨덴 대한민국 대사관 웹사이트 (http://swe.mofat.go.kr) 참조;
『복지국가 스웨덴』, 25쪽 참조.

2010년 선거에서 사민당을 지지한 사람은 183만여 명으로,
직전 선거인 2006년에 비해 11만5천여 명이 줄었다. 의석수 또한 18석이나 줄었다.
스웨덴의 국회인 릭스다그를 방문하면서, 예전과 같지 않은 사민당의 지지율이
위기를 반영하는 것은 아닌지 궁금했다.

객관적 정황과 상관없이 위게만 의원은 "유럽 전체로 봐도 스웨덴 사민당이 제일 잘하고 있다."고 굳이 안 해도 될 말까지 덧붙인다. 아무래도 첫 질문이 나빴다. 예의상 칭찬으로 시작했어야 하는데 4선 의원 자존심에 흠집을 낸 것 같다. 조금 전까지의 격식 없는 태도와 달리 그가 고위층임을 느낄 수 있었다.

위게만 의원은 "위기라는 시각도 있긴 하지만 지금 상황에서는 새로운 정책을 수립하는 것이 중요하다."라고 했다. 위기면 위기지, '위기라는 시각도 있긴 하지만'은 또 뭔가. 사민당의 진짜 위기는 위기라는 사실을 모른다는 데 있는 것이 아닐까?

❝우파 연합은 새로운 담론, 즉 일하는 사람과 일하지 않는 사람을 구분하는 담론을 펼쳤다. 보수당은 병가 수당을 받으며 노동시장 바깥에 있는 사람을 공격 대상으로 삼았고, 자신들을 '새로운 노동자당'이라고 표현했다. 사실상 영국의 대처가 펼친 주장과 같으면서도 표현만 달리한 것이다. 사민당은 대안은 있었지만 이를 제대로 설명하지 못해서 실패했다."❞

바로 그 대안을 말해 달라는 것이 애초의 우리 질문이었다. 위게만 의원이 설명을 이어갔다.

❝노동하기를 원하는 모든 사람들이 노동할 수 있게 하는 것이 제일 중요하다. 그런데 유권자들에게 이를 잘 설명하지 못했다. 세금

정책에 대한 설명도 부족했다. 사민당은 어떤 세목을 설정해 얼마를 거둘지에 대해 잘 설계하고 있다. 하지만 세목 하나하나를 상세히 설명하기란 쉬운 일이 아니다. 유권자의 3분의 2는 사민당과 마찬가지로 복지와 교육에 쓴다면 세금을 많이 거둬도 괜찮다고 생각한다. 세계적인 경제 위기 상황이 사민당에게 유리하게 작용할 것으로 예측했지만 뜻처럼 되지 않았다. 오히려 실업률이 높고 경제가 조금 어려운 것은 [집권 우파 연합의 탓이라기보다는] 세계적인 문제라고 한 보수당의 선전이 먹혔다."

사 회 안 전 망 이 있 어 야 안 심 하 고 투 자 한 다

사민당이 내세운 공약의 실패에 대해 더 자세히 들여다보자. 사민당은 2006년에 사라진 부유세를 부활하고, 정액 부과되던 주택세에 주택 가격을 반영해 세율을 높이자고 했다. 이전의 주택세 기준으로는 2만3천 크로나(약 380만 원) 정도를 내야 했던 사람이 집의 가치와 상관없이 정액 6천8백 크로나(약 110만 원)만 내도록 바뀐 상태였다. 사민당은 이를 다시 변경해 시중 주택 가격의 1.5퍼센트를 세금으로 부과하자고 했다. 이는 중산층에게 상당한 세금 부담으로 느껴질 만했고, 이미 중산층이 된 많은 노동자들이 사민당 지지를 철회하는 계기가 되었다.

아, 세금. 세금이 문제다. 세금을 많이 내라는 정책은 아무래도 사람들의 호응을 얻기 어렵다. 나부터도 세금을 더 내라면, "걷어서 뭐 할 건데?"라고 되물을 것이다. 우리나라처럼 국가가 제공하는 복지 혜택이 거의 '전무'하다시피 한 나라의 국민으로서 당연한 질문 아닌가. 내가 뼈 빠지게 일한 노동의 대가에서 떼어 간 세금이기 때문에, 성희롱이나 하고 다니는 정치인 월급을 줄 것인지, 국민들은 하지 말라는데도 죽자고 하는 강 파기 사업에 쓸 것인지, 하다못해 필요도 없는 동네 보도블록 교체에 쓸 것인지를 알 권리가 있다. 그리고 나보다 돈 많이 벌고, 재산도 많은, 일도 별로 안 하는 것 같은데 돈은 펑펑 쓰는 불로소득자에게 더 많은 세금을 부과하라고 요구할 권리도 있다. 당연하지 않은가.

'어디에 쓸 것인가'에 대한 신뢰가 굳건하다면 '어디서(누구에게, 어떤 명목으로, 얼마나) 거둘 것인가'에 대한 합의도 한층 쉬울 것이다. 위게만 의원은 사민당이 이번 선거에서 '어떤 세금을 거둘 것인가'가 아니라 '세금을 거둬서 무엇을 할 것인가'에 대해 제대로 설명하지 못했으며 복지를 위해 세금을 더 낼 의사가 있는 유권자들이 세금의 사용처에 대해 긍정적 확신을 할 수 있도록 설득하는 데 실패했다고 진단했다. 중요한 지적이다.

세금을 걷지 않고서 복지를 확대할 수 있다고 말하는 사람은 좀 심하게 말하자면 '협잡꾼'에 가깝다. 복지를 확대하려면 재원이 필요하고, 이는 세금으로 조성된다. 관건은 세금이 '복지'에 쓰인다는 확신이다. 이를 가장 쉽게 표현한 것이 바로 민주노동당이 최초로 제안한 '사회복지목적세'였다. 오로지 사회복지를 위해 처음부터 목적을 분명히 하고 걷겠다는, 쓰임이 확실히 드러나는 세금. 세금에 대한 저항보다

위계만 의원은 특별한 계층만이 아니라 모든 시민의 생애 주기 전체에 걸쳐
중요한 사회 안전망이 갖춰져야만, 지속적인 투자 또한 보장될 수 있을 것이라고 했다.

복지에 대한 기대를 더 크게 하는 사회복지목적세가 나는 무척 마음에 들었다. 2010년 당시 조승수 의원이 발의한 사회복지세 법안은 소득 세액 4백만 원 초과 고소득층과 법인세액 5억 원 초과 대기업을 대상으로 기존의 소득세, 법인세, 상속세 및 증여세, 종합부동산세 등에 대해 15~30퍼센트의 사회복지세를 부과해 연간 15조 원의 복지 재원을 확보하도록 했다. 우리나라처럼 간접세의 비중이 높고, 누진율이 낮은 경우 조세를 통한 재분배가 이뤄지기 어렵다. 고소득층에 유리한 소득 공제, 대기업에 제공되는 각종 세제상의 우대 조치는 재분배 기능은커녕 역진성을 심화하고 있다. 그러니 고소득층과 대기업에 세금을 좀 더 부과해 사회복지를 위한 재원으로 사용하자는 제안은 조세 형평성 실현에도 부합하는 것이다.

위게만 의원의 '제대로 설명하지 못했다.'는 반성은 중요한 의미를 담고 있다. 하지만 유권자들에게 사민당의 정책을 잘 설명하면 다시 지지를 회복할 수 있을 것이라는 말은 다소 안일하게 느껴졌다. 정책을 알기 쉽게 제대로 설명하는 것은 물론 중요하다. 하지만 유권자들이 '몰라서' 지지하지 않았다기보다 '동의하지 않아서' 지지하지 않았다고 봐야 하지 않을까? 정책을 설명하는 것이 '동의'를 구하는 과정이라고 볼 수도 있지만 사민당이 설명하고자 하는 것이 '기존 정책' 그대로라면, 과연 유권자가 '기존 입장'을 바꿀지에 대해서는 의문이 남는다. 그러니 정책을 잘 설명하기에 앞서 원인에 대한 진단과 분석이 있어야 한다는 생각이 드는 것이다.

❝스웨덴의 실업률이 8퍼센트에 달하고 있다는 것은 매우 심각한 문제다. 우파 연합은 경제 위기를 잘 이겨냈다고 하지만 이 수치[실업률]에 대해서는 답변이 없다. 경제 위기를 이겨냈고, 재정도 튼튼한데 왜 사회 기반 시설 투자를 하지 않는가에 대한 질문에도 답해야 한다.❞

위게만 의원은 우파 연합이 지닌 맹점을 지적했다. 그러고는 경제가 발전하려면 사회 안전망이 강화되어야 한다고 주장했다.

❝만일 두 개의 빌딩 사이에 줄이 있는데 밑에 안전망이 있다면 줄 하나에만 의지해서 갈 수 있다. 안전망에 구멍이 있으면 사람들은 주저하게 된다. 사람들이 투자하도록 하기 위해서라도 안전망이 필요하다. 아무리 안전하다고 말한들 실제로 안전하지 않다면 많은 사람들이 주저할 것이다. 혹자는 사회 안전망이 특별한 계층을 위한 것이라고 선전하지만, 사민당은 시민들의 생애 주기 전체에 걸쳐 중요하다고 본다. 사민당은 우파 연합처럼 일하는 자와 일하지 않는 자로 구분하는 방식으로 접근하지 않을 것이다. 능력에 따라 일해야 한다고 설명할 것이고, 갑자기 일할 능력을 상실한 사람들에게도 안전망이 필요하다고 주장할 것이다.❞

사회 안전망이 있어야 투자자들이 안심하고 그 나라에 투자할 수 있다는 주장은, 우리나라의 주류 경제학자와 경제 관료들의 시선과 상반

되기에 낯설게 들린다. 복지 재정을 확충할 필요가 있다고 말하면 늘 차가운 시선이 쏟아졌다. 기초생활보장제도를 강화하자고 하면 언제나 정부는, 국가 재정에 한계가 있기 때문에 사회 안전망을 강화하는 데 그렇게 많은 돈을 쓸 수 없다고 했다. 어린이들이 병·의원에서도 예방접종을 무료로 맞을 수 있도록 예산을 편성하자고 하면 당사자가 부담할 비용인데 왜 국가 재정을 써야 하느냐고 했다. 경제 부처 관료들의 반대 의견에 밀려 결국 예산 편성에 실패할 때면 굴욕적인 기분이 들었다. 그들에게 사회 안전망의 필요성에 대해서 '경제적 이유'를 들어 설명하는 위게만 의원의 논리를 들려주고 싶었다. 위게만 의원과 만날 사람들은 또 있다. 보수 언론들이다.

❝지금 우파 연합은 복지 제도를 축소해서가 아니라 복지를 유지한다고 약속했기에 선거에서 승리한 것이다. 예전만 해도 복지 제도에 대해 비난을 일삼던 우파 연합이 이번에는 그러지 않았다. 복지 제도의 큰 틀은 그대로 둔 채 부수적 수정만 하겠다고 공약하면서 복지 찬성론을 펼쳤다. 그렇지 않았다면 패배했을 것이다. 최근에 사민당과 보수당은 중간층을 얻기 위해 노력을 경주해 왔다. 정책에서는 그다지 차이가 없다. 좌우파의 집권 여부와 상관없이 스웨덴의 복지 제도는 계속 유지된다는 점을 한국 사람들도 알았으면 한다. 스웨덴도 복지와 성장을 대립적으로 본 적이 있다. 하지만 이제는 누구나 복지와 경제가 동반 성장한다는 점을 안다. 안정이 투자와 도전의 자산이다. 고등교육을 통한 경쟁력을 확

보하는 것이 중요하다."

위게만 의원은 한국 보수주의자들의 우려에 대해 그야말로 '쓸데없는 우려'임을 분명히 했다. 보수당이 집권했지만 스웨덴의 복지 제도는 변하지 않을 것이라는 말은 앤더슨 소장과 위게만 의원뿐만 아니라 질문을 받았던 모든 사람들의 공통된 답변이었다. 삼지어 스웨덴경영자총연맹에서도 같은 답변을 들었다. 이만큼 확인했음에도 계속해서 "스웨덴도 복지 축소"라는 기사가 대문짝만 하게 나오는 것은 서로 민망한 일이다(스웨덴 대사관은 왜 이런 일에 항의하지 않을까).

자꾸 시계를 처다보는 위게만 의원에게 마지막 질문을 했다(우리도 바쁘다). 사민당이 가지고 있는 앞으로의 계획은 무엇인가?

❝사민당의 정책은 변할 것이다. 당연한 경로다. 우파가 새로운 정책을 내온 것은 그간의 선거 패배에서 느낀 바가 있었기 때문일 텐데, 이제 사민당이 그런 경험을 하게 된 셈이다. 현실을 차갑게 직시해야 한다. 우파의 정책을 공격하는 한편, 유권자들의 지지를 되찾을 정책도 개발해야 한다."

그러고는 한마디를 덧붙였다.

❝사민당은 임금노동자를 항상 믿었다."

노동자의 힘으로, 사민당은 다시 집권에 성공할 것이라고 믿는단다. 다시 위게만 의원이 멋있어 보인다(아무래도 내 귀는 얄팍하기가 종이 한 장만도 못한 듯하다. 그렇지만 저런 말은, 사랑 고백보다도 달콤하다). 언제나, 노동자를 믿었다니! 노동조합 조직률이 뚝뚝 떨어지고, 조합원들조차 자신들을 예전처럼 전폭적으로 지지하지 않아 사상 최악의 선거 패배를 경험하고도 "항상 믿었다."라고 말할 수 있다는 것은 정말로 믿고 있다는 것이다.

게다가 "사민당은 여전히 자본가·노동자의 계급을 구분하고 있다."며 "앞으로 사무직과 생산직 노동자가 연대해 자본가와 대항할 것을 믿는다."고 했다. 나는 노동자계급의 내부 분화를 염려했지만 위게만 의원은 어떤 위치에서든 노동자는 노동자라고 여기고 있었다. 또한 그는 "대기업의 소유주는 전부 보수당을 지지한다. 자본가들은 다른 당으로 지지를 옮기지 않기 때문에 보수당은 마음 놓고 하고 싶은 정책을 펼친다."며 "사민당은 노동자의 지지를 회복해야 한다."고 했다.

간담이 서늘하다. 실제로 대기업 소유주들은, 강남 부자들은, 권력층은 지지를 이동하지 않는다. 진보 정당이 아무리 좋은 정책을 내놓는다 한들 그들이 우리를 지지할 리 없다. 진보 정당의 '확고한 지지자'는 '일하는 사람들'이다. 노동자·농민·서민이다. 노동자가 정치권력으로부터 소외된 사회는 진정한 민주주의 사회라고 할 수 없다. 사회 발전의 원동력이 생산 영역에 있다면, 이 부문의 주 행위자인 노동자가 자본가와 대등한 입장에 설 수 있어야 비로소 민주주의도 가능하다.

사민당은 노동자의 지지를 회복하기 위한 방안을 가지고 있는가? '대안'에 대해서는 위게만 의원을 비롯해 하나같이 입을 맞춘 듯 '토론 중'이라고 한다. 이러지 말라고. 토론 중이라는 말을 듣자고 열두 시간 비행기 타고 온 것은 아니란 말이다. 혼란은 스웨덴에 머무르는 동안 계속되었다. '사민당이 아직 정신 못 차렸구나.'부터 '사민당은 이미 이 겼구나.'까지 마음이 널뛰듯 했다.

하지만 깊이 생각하고 많이 토론한 지금, 나는 사민당이 우위에 있 다는 결론을 내렸다. 사민당은 비록 선거에서 졌지만 그들이 만든 사회민주주의는 국민들에게 이미 '인셉션'되었다. 스웨덴 사회에, 스웨덴 사람들 가슴속에 아로새겨진 사회민주주의는 앞으로도 꽤 오 랫동안 굳건할 것이다. 정당은 선거에서 질 수도 있고, 심지어 사라질 수도 있지만 '사상'은 역사와 함께 살아 숨 쉰다. 사민당이 우위일 수밖 에 없는 이유다. 위게만 의원은 이렇게 말한다.

"사민당이 방어적 고민이 아니라 미래를 생각하는 정책을 만들 어야 한다고 본다. 커다란 비전을 제시할 필요가 있다. 좋은 복지 제도를 유지하고, 환경 위기를 극복하고, 투자를 통해 경제 발전을 모색하고, 일할 권리를 보장할 수 있는 큰 그림을 제시하는 것이 중요하다."

'우파적 정책을 펼 것인가, 좌파적 정책을 펼 것인가? 중산층을 포용 할 것인가, 사회 약자들에게 초점을 맞출 것인가?'가 사민당이 가지고 있는 고민이다. 사민당은 앞으로 치열한 토론을 거쳐 변화할 것이다. 그 변화가 무척 궁금하다.

2012년 1월, 사민당은 금속노조 위원장 출신인 스테판 뢰프벤Stefan Löfven을 새로운 당 대표로 선출했다. 뢰프벤은 취임사에서 '자유와 평등'을 강조했고, 우르반 벡스트룀Urban Bäckström 스웨덴경영자총연맹 사무총장은 뢰프벤을 경제개혁에 대한 정치적 논의를 시작하기에 매우 적합한 인물이라고 치켜세웠다. 사민당의 지지율이 상승하고 있다지만, 나는 '인간이 소외되지 않는 노동'에 천착했던 정통 사민주의자 모나 살린이 그립다.

노동 있는 민주주의의 뿌리, LO

노동 있는 민주주의가 중요하다면, 노동조합을 빼놓고 민주주의를 이야기할 수는 없다. 944만 스웨덴 인구 중 370만 명, 즉 일하는 사람 대다수가 조합원인 곳이 스웨덴이다. 그중에서도 조합원 수가 170만 명에 달하는 생산직노동조합연맹 LO를 방문했다. 스톡홀름 중심가 대로에서 곧게 뻗은 곳에 있는 LO 건물은 멀리서도 한눈에 들어왔다. 사민당과의 관계, 사회 서비스 분야와 청년들의 노조 조직률을 높이려는 시도, 한·EU FTA 등에 대한 이야기를 엘름그렌 국제협력위원과 나눴다. 스웨덴금속노조의 수사 정책위원을 만나선 볼보와 사브 같은 기업의 해외 매각을 어떻게 생각하는지 물었다. 이들과 주고받은 말끝마다, 한국의 청년유니온과 쌍용자동차가 만들어 낸 풍경이 맺혔다.

스톡홀름 중심가에 우뚝 서있는 LO ［초창기 노동조합 설립사］ LO의 입장을 듣다 스웨덴금속노조에서 확인한 또 다른 모습

스톡홀름 중심가에 우뚝 서 있는 LO

이번에 방문한 곳은 스웨덴전국노동조합총연맹LO(생산직노동조합연맹)이다. 사민당을 방문할 때보다 가슴이 더 뛴다. 944만 스웨덴 인구 중에 약 170만 명이 LO의 조합원이다. 몇 년 사이 조직률이 떨어졌다고는 하나, 2007년 통계에서 LO의 조합원 숫자는 190만 명에 달했다. 같은 통계에서 사무직노동조합연맹TCO 조합원은 127만 명, 전문직노동조합연맹SACO 조합원은 56만 명이었다. 다 더하면 370만 명이 넘는다(아이와 노인을 제외하면 일하는 사람들 대다수가 조합원인 셈이니 그저 놀랍다). 사민당을 만들고 실질적으로 이끌어 온 노동자 조직 LO를 설명하는 것만으로도 가슴이 뛴다(사민당이 LO보다 먼저 설립되었지만 전국적인 연맹을 꾸리기 전 단계의 노동조합이 사민당을 만들고 지도했으니 서로 영향을 미쳤다고 볼 수 있다).

스웨덴 노동자들은 생산수단 소유를 포기하는 대신, 공평한 분배를 제도화하는 길을 택했다. 자본가와 '일대일 맞짱'을 펼치지는 않기로 한 것이다. 공장은 자본가가 갖되 이윤의 상당량을 사회로 귀속시켜 노동력 재생산에 필요한 각종 제도를 실현하는 데 사용하도록 했다. 지금이야 스웨덴이 자타 공인 '복지국가'로 인정되고 있지만, 그 당시에는 사회주의의 뜨거운 열기가 유럽을 휩쓸고 있었을 텐데 어떻게 그런 샛길을 택했는지 생각할수록 신기하다.

LO 건물은 스톡홀름 중심가 대로에서 곧게 뻗은 곳에 위치해 있었다. 삼거리의 가운데에 있어서 멀리서도 한눈에 들어왔다. 지금은 주변에 큰 건물이 많지만, 저 건물이 처음 들어섰을 때에는 더욱 돋보였을 것 같았다. 건물의 위세가 LO의 기세를 보여 줬다. 건물 앞 작은 광장에는 노동조합 창립의 역사를 보여 주는 커다란 동판이 있었다.

우리도 나중에 노동자가 중심이 되는 사회를 만든다면 서울 시내 한복판의 가장 좋은 위치, 가장 눈에 잘 띄는 곳에 노동조합 건물이 들어서면 좋겠다. 그 옆에 농민회 건물도 있고, 진보 정당 건물도 있고, 통일 단체 건물도 있으면 좋겠다. 주변의 모든 빌딩을 압도할 만큼 멋지고 위풍당당한 건물이었으면 좋겠다. 모든 노동자들이 자유롭게 드나들며 그런 건물이 내 것이라는 사실에 자랑스러워했으면, 이런 나라 만들기를 잘했다고 생각했으면 좋겠다. 건물 앞에는 온갖 풀꽃이 자라고 풀벌레가 사는 생태 친화적인 작은 공원이 있고, 그 공원 한가운데 민주화 운동의 역사, 노동운동의 역사, 농민 운동의 역사, 진보 정당의 역사가 담긴 동판이 있었으면 좋겠다. 죽어 간 사람들, 남겨진 이들의 상처, 고통의 시간들 모두 '역사'로 남을 미래의 어느 햇살 찬란한 날, 아이들 손을 잡고 공원을 거닐며 동판에 새겨진 역사에 대해 말해 주는 노인이 되고 싶다. 내가 너무 늙어 버리기 전에 그런 날이 왔으면, 정말 좋겠다.

건물 안으로 들어서니 벽화가 제일 먼저 눈에 띈다. 상의를 벗은 남

초창기 노동조합 설립사

19세기 중반~20세기 초 이민에서 활로를 찾고자 한 1백만여 명의 국민이 스웨덴을 떠났다. 남은 이들은 유럽의 선행 산업국가들의 역사에서 비참한 처지를 개선할 방법을 배웠다. 노동조합운동을 통해 노동자를 조직하고, 사회민주주의 운동을 통해 노동자 이익을 정치적으로 대변해야 한다는 것이었다.

1889년 사민당이 출범했다.

1898년 LO가 결성되었다(그 당시 내건 주요 요구 조건은 ① 조직과 집회의 자유, ② 8시간 노동시간제, ③ 남성에 대한 보통 선거권이었다).

1919년 여성에게 보통선거권이 보장되었다.

1931년 (제조업과 서비스 부문의 화이트칼라 노동자들이 결성한) 민간부문사무직노동조합연맹DACO이 조직되었다(LO도 이를 노동조합운동의 확대로 간주해 환영했다).

1936년 의회에서 (공장노동자와 마찬가지로) 고정급을 받는 사무직 노동자들이 조합을 결성할 권리를 보장했다.

1937년 (공공 부문 종사자들이 중심이 되어 결성한) 사무직노동조합연맹TCO이 조직되었다.

1943년 청년·지식인노동조합연맹SYACO이 조직되었다.

1944년 TCO와 DACO가 TCO로 통합되었다(이 당시 조합원이 17만5천여 명이었던 TCO는 2000년대 초 조합원 130만여 명에 이르는, 세계에서 가장 큰 사무직 노동조합 조직으로 성장했다).

1947년 전문직노동조합연맹SACO이 설립되었다. 전문대학högskola(의과대학·법과대학·공과대학 등) 재학생들과 졸업한 노동자를 규합해 결성한 SACO의 운동은 오늘날 교육 복지 정책에서 중심적인 역할을 하는 학자 대출금studielån 제도를 발전시키는 데 기여했다(설립 당시 회원은 1만6천여 명이었는데 2007년 현재 60만 명가량으로, 스웨덴에서 세 번째로 큰 노동조합이다).

_『복지국가 스웨덴』, 55~61쪽 참조.

LO 건물은 스톡홀름 중심가 대로에서 곧게 뻗은 곳에 위치해 있었다.
멀리서도 건물의 위세가 한눈에 들어왔다(위).
건물 앞 작은 광장에는 노조 깃발을 배경으로 서있는
초창기 노동운동 활동가들을 형상화한 조형물이 있다(아래).

성 노동자와 아이를 안고 있는 여성 노동자의 그림이었다. 세상을 집어 삼킬 듯한 눈빛을 한 노동자들이었다. 1백여 년 전, 노동조합을 만든 벽화 속 그들이 내게 말을 걸었다. '복지국가 스웨덴 우리가 만들었어요. 할 수 있어요. 노동자를 믿어요.' '아, 네, 네.' 얼른 대답하고 안내대에 놓인 방문자용 기념품인 마우스 패드와 볼펜을 챙겼다. 강력한 노동조합이니 이 정도 선물은 챙겨 가도 되겠죠?

LO의 입장을 듣다

사민당 국제협력위원인 수산네 린드베리 엘름그렌Susanne Lindberg Elmgren을 만났다. 여성이다. 나는 어디를 가도 멋진 여성만 보면 감탄사를 연발하는데, 수산네 의원을 바라보면서도 그랬다. 구체적인 설명을 해야 할 때면 자리를 박차고 일어나 판서까지 해가며 열의를 다했고, 한국의 노동 현실을 이야기할 때는 표정에 그대로 근심이 서리는가 하면, 전혀 알아듣지 못할 한국말로 질문해도 눈을 똑바로 바라보며 성의 있게 듣는다. 목소리가 얼마나 좋은지, 발음은 또 얼마나 멋진지. LO에 소속된 연맹의 위원장 가운데 3분의 2는 여성이라고 한다.

스웨덴의 전국 규모 노동단체는 스웨덴전국노동조합총연맹LO을 포함해 사무직노동조합연맹TCO, 전문직노동조합연맹SACO 등 크게 3개로 구성되어 있다.

이 가운데 LO는 역사·규모·영향력·조직률 등 모든 면에서 단연 최

사민당 국제협력위원인 엘름그렌을 만났다.
바라만 봐도 절로 감탄사가 나오는 멋진 여성이었다.

고의 노동조합이다. 조합원 숫자가 무려 170만 명(그중 여성은 77만 명)으로 전체 생산직 노동자의 70퍼센트에 달한다. 노인복지·아동복지 등 서비스 분야 노동자와 건설·운수·제조업 등 블루칼라 노동자가 조합원인 LO에는 14개 산별 연맹이 소속되어 있다. 전국 단위 노동조합 중 LO만이 유일하게 정당과 협력해 일한다.

4년마다 열리는 LO 총회에서 당과 협력할지 여부를 결정하는데, 매번 협력하는 것으로 결정해 왔다. 조합원들의 복지를 위해 그게 가장 옳다고 생각해서 내린 결정이라고 한다. LO 조합원의 대다수는 사민당에 투표한다. 하지만 최근 선거에서는 지지자가 많이 줄었다. 예전에는 조합원이면 당연히 사민당을 지지했지만 최근에는 사민당을 지지하지 않는 조합원도 많아졌다. LO도 이런 현상을 심각하게 생각하고 있었다. 일반 조합원이 당에 친밀감을 느끼는 정도는 지도부에 비해 낮다는 점을 인식하고 이를 극복하기 위해 당과 노동조합 사이의 협력을 강화하려는 노력을 기울이고 있다고 한다.

수산네 위원에게 LO 입장에서는 선거를 어떻게 평가하는지, 향후 과제를 무엇이라고 생각하는지 물었다.

❝사민당이 집권하지 못해 안타깝다. LO 지도부는 조합원들 각자가 나서서 [병가 수당을 받으며 노동시장 바깥에 있는 사람을 공격 대상으로 삼는 보수당의 주장에 대해] 노동하는 사람이 노동하지 못하는 사람을 왜 도와야 하는지를 유권자에게 설명해야 한다고 말한다. 그리고 무엇보다 중요한 것은 노동조합 조합원 중 투표하지 않은 사람들을

독려하는 것이다. 작업장마다 찾아가 계속 토론할 것이다. 우파 정권이 집권했을 때 발생하는 문제점을 구체적으로 알려야 한다."

단지 정책 홍보가 부족하기 때문만은 아니라는 생각이 들었다. 선거 실패의 근본적 원인은 무엇이고 어떻게 극복해 갈 계획인지를 다시 물었다.

" 전통적인 생산직 노동자가 줄고, 노동조합 가입률도 낮아지고 있다. 게다가 우파 정부가 집권한 이후 실업보험료를 인상하고, 조합비에 대한 세금 감면 혜택을 축소한 것이 나쁜 영향을 미쳤다. 실업보험료가 높아 실업보험을 탈퇴한 노동자들이 노동조합까지 탈퇴한 것이다. LO는 노동조합의 대중적 기반이 약화되는 문제를 놓고 계속 토론하고 있다. 노동조합 가입률이 떨어지고 있다고 하지만 큰 사업장의 조직률을 높일 가능성을 발견할 수 있었다. 호텔과 같은 서비스 분야와 청년 부문은 아직 LO가 조직하지 못한 영역이다. 또한 예전보다 많은 수의 전문직 노동자가 양산되고 있는 현실 속에서, 노동조합은 직업에 따라 결정되기에 노동조합 간의 협력이 중요하다."

사회 서비스 분야와 청년들의 노동조합 조직률을 높이기 위해 고민하는 상황은 스웨덴과 우리가 비슷하다. 우리나라에는 최근 새로운 시도가 있었다. 바로 청년들의 일반 노동조합 '청년유니온'이다. 일종의 커뮤니티 유니온인 청년유니온은 기업별 노동조합이 아니라 여성 노조와 같은 일반 노동조합이다. 상시 취업자뿐만 아니라 취업과 실업을 반복하는 불안정 취업자와 실업자까지 포함하는 등 개별 청년들을 대상으로 하는, 우리나라 최초의 세대별 노동조합이다.

2010년 3월에 창립한 청년유니온은 고용노동부에서 설립 신고를 계속 반려한 탓에, 노동조합이면서 노동조합이 아닌 채로 2년을 보냈다. 그사이 청년유니온은 피자 업계의 '30분 배달제'를 폐지시켰고, 커피 전문점에서 〈근로기준법〉에 명시된 주휴 수당이 지급되지 않는 문제를 제기해 굴지의 업체가 아르바이트생 103명에게 미지급된 주휴 수당 5천만 원을 지급하게 하는 성과를 냈다. 2012년 3월 마침내 서울시로부터 지역 단위 노동조합 설립 신고증을 받아 '정식' 노동조합이 되었다. 하지만 2개 이상의 시도市道에 거점을 두려면 결국 고용노동부의 허가를 받아야 한다는데, 청년유니온 측이 지역별 노동조합 신고를 준비하고 있다니 긴장감이 넘친다. 청년들이 만든 새로운 발상의 노동조합, 그 창창한 미래 앞에 한 표 던진다. "청년유니온 선언"에서 "우리는 국제 연대를 통해 청년 노동자들의 권리 확보를 위해 노력하며 전세계 청년 노동자의 인권과 평등권을 실현하는 데 앞장선다."라고 했으니 곧 한국과 스웨덴의 청년들이 서로 연대하는 길이 열릴지도 모르겠다(그런데 몇 살까지가 청년일까? 홍대 앞 클럽에는 "33세 이상과 미군은 입장 금지"라고 쓰여 있던데, 설마 클럽 입장 기준만큼 자격 요건이 엄격하지는 않겠지?).[1]

수산네 위원은 노동조합 조직률이 하락하면서 나타난 노동자의 변화에 대해서도 말했다.

❝스웨덴 시민이나 LO 조합원 중에는 잘사는 사람도 많다. 그래서 부유층이 저소득층을 도와야 한다고 얘기하고 있다. 노동자들의 생활수준과 교육 수준이 높아졌다. 그래서 요즘은 노동자만을 위한 사민당이 아니라 모든 사람들의 사민당이 되어야 한다고 본다. 앞으로 어떤 말이 나올지 모른다. 사민당은 LO뿐 아니라 다른 쪽의 지지도 받아야 한다. 새로운 세대가 나타나면서 변화된 이슈를 감지하는 등 다방면의 의견을 수렴해야 한다."

과학이 발달하면서 생산성과 생산재의 수준이 높아졌고, 생산물을 향유하는 소비자로서 노동자의 생활도 변했다. 이제 노동자라고 해서 예전처럼 무산계급을 떠올리기는 힘들어졌다. 주택을 소유하고, 예금과 주식을 보유하는 등 자산을 가진 노동자가 늘어나고 있다. 게다가 사업주인 동시에 노동자인 '1인 기업'이 등장하면서 양상은 더 복잡해졌다. 노동자계급의 내부 분화는 더욱 심화되었다. 중산층 노동자와 빈곤한 노동자가 동시에 존재한다. LO의 고민이 깊을 수밖에 없는 상황이다. 어디 스웨덴 노동조합만의 고민이랴. 계급 내 연대 전략의 중요성은 갈수록 커질 것이다. 우리 모두 스스로 연대의 가치를 실현해야 하는 시험대에 올랐다.

사민당과 LO 간의 일상적인 정책 협의의 구조가 궁금했다. 큰일을 도모하려면 무엇보다 소통과 협의가 중요하지 않은가. 특히 조합비를 내는 노조 조합원이면 모두 다 사민당 당원이 되는 제도가 1991년부터 사라진 이후 조합원이자 당원인 수가 급감했다고 하니, 일상적 협력은 더욱더 중요한 의미를 지닐 것이라는 생각이 들었다.

"LO의 위원장이 사민당의 집행위원이며, 한 달에 한 번씩 만나서 의사 결정을 한다. LO 산하 연맹 중에 특히 강한 노조인 금속노조 위원장도 사민당의 집행위원이다. LO와 금속노조 위원장이 사민당 최고 결정 기관인 집행위원회의 위원이 되는 것이 관행이다."

LO는 지역별로 어떻게 구성되어 있고, 사민당과 어떤 관계를 맺으며 무슨 활동을 하고 있는 것일까?

"16개 LO 지역 본부에서 코뮌의 사민당 비례 의원 3분의 1을 추천한다. 사민당에서는 노동자 대표들을 만나 코뮌의 자치 활동에 대한 의견을 청취한다. 하지만 정당과 노동자 대표가 개인적 차원에서 소통하는 수준이어서 어떻게 관계의 질을 높일지에 대해 항상 고민한다. 국민의 집도 있다. 국민의 집이 노동자의 활동 공간인 것은 맞지만 모든 코뮌에 있는 것은 아니라는 한계가 있다. 또 LO 및 ABF와 협력해 세미나를 하는데, 사민당의 지부가 이를 운영한다."

수산네 위원은 노동시장의 안정이 노동자의 권익과 직결되므로, 노동조합 조직률을 높이는 것이 매우 중요하다고 강조했다. 또 노동조합도 성장과 안정을 모두 중요하게 여긴다고 했다. 많은 이들이 좋은 교육을 받을 수 있도록, 실직하더라도 원활하게 재취업될 수 있도록 하는 것이 이들이 말하는 '성장과 안정'이다. 수산네 위원은 이런 입장에서 보수당의 정책을 비판했다. 이미 고용되어 있는 사람들의 혜택을 강화하면 고용 불안정 상태에 있는 사람에게 불이익을 미칠 수도 있다는 것이다. 그러면서 취약 계층이 안정되어야만 모두의 안정을 보장할 수 있다고 덧붙였다.

수산네 위원의 시선은 자국에 한정되지 않았다. 자본뿐 아니라 노동도 유럽 전체에 걸쳐 공동 시장이 형성되어 있는데, 노동자들이 이동하는 과정에서 노동환경이 나빠지거나 임금이 체불될 수도 있다고 한다. 이를 보완할 만한 유럽 전체 차원의 사회보장이 필요한데, 이 문제를 해결하기 위해 유럽 각국의 노동조합과 사민당이 협력하고 있다고 한다. 유럽에 국한된 문제라고 볼 수도 없다.

❝지난주에 노동시장부에 가서 스웨덴이 중국을 비롯한 아시아와 협력을 강화해야 한다고 말하면서 이민, 노동환경, 기업의 사회적 책임 등 세 가지 문제를 지적했다. 중국이나 타이 이주민들의 열악한 임금수준은 매우 염려스러울 정도다. 이번 금요일에는 유럽연합^{EU} 대표단을 만나 무역정책에 대해 토론하기로 했다. 무역이 부의 성장에는 중요하지만, 동시에 노동자의 삶에 악영향을 미치지 않게 주의해야 한다고 주문할 계획이다. LO는 유럽의 노동 연대 조직에 소속되어 있는데, FTA가 노동자에게 악영향을 미치지 못하도록 지속적으로 노력할 것이다.❞

수산네 위원은 한·EU 자유무역협정에 대해 어떻게 생각하는지 되묻기도 했다. 그때까지만 해도 한·EU FTA가 국회에서 비준되기 전이었다. 한·EU FTA는 우리나라의 중소 상인과 농민들에게 직접적으로 심각한 타격을 입힐 가능성이 있고, 농수산업·제조업·서비스산업 전반에 걸쳐 유례없는 변화를 가져올 것이라는 우려가 컸다. 그럼에도 충분한 논의를 바탕으로 한 검토가 이루어졌다고 보기는 힘들었다. 심지어 정부가 국회에 제출한 협상문 번역본에서는 무더기로 오류가 발견되기도 했다.

민주사회를 위한 변호사모임은 한·EU FTA가 비준되면 기업형 슈퍼SSM를 규제해 동네의 영세 자영업자를 보호하는 국내법이 무력화되고, 건설업의 개방을 요구하는 움직임이 이어질 뿐만 아니라, 이와 관련해 국회가 정부를 견제할 길도 막힐 수 있다고 지적했다. 전기용품을 정기적으로 검사하기가 어려워지고 자동차의 안전 기준도 모호해져 국민 안전이 위협받고, 친환경 학교 급식이 무산될 수 있으며, 유럽산 축산물의 한국 시장 공략 및 의약품 가격 상승으로 인한 피해가 우려된다고 지적한 바 있다.[2]

하지만 2011년 5월 한·EU FTA는 당시 한나라당 단독으로 처리되었다. 앞으로 벌어질 일이 두렵다. LO에서 들었던, "FTA가 노동자에게 악영향을 미치지 못하도록 노력하겠다."라는 말의 '노동자'가 유럽의 노동자만을 뜻하는 것이 아니라면, 한·EU FTA 발효에 대비해 한국 노동자들과 협력을 강화해야 할 것이다. 유럽의 이익보다, 노동자의 연대에 집중해 주기를 바라는 마음이 컸다.

수산네 위원에게 궁금한 것이 많았다. 기존의 중앙 협상이 업종별 협상으로 변했는데, 그 과정에서 동일노동 동일임금의 원칙이 희석되지 않았는지를 물었다. 스웨덴은 1980년대까지 노사 교섭이 중앙 차원에서 이뤄졌다. 노동조합과 사용자단체가 임금, 노동조건, 성 평등, 연기금과 사회보험에 대해 협상했다. 중앙 협상은 권고였으며 조합의 비준을 거쳐 실행되었고, 이후 산별 교섭과 현장 교섭이 추가적으로 이뤄지는 3단계 구조였다. 중앙 협상은 임금격차를 줄이고 노동환경을 개선하는 데 효과적이었다. 하지만 1990년대 들어 임금과 근로조건은 산별·현장 교섭으로 이뤄지고, 연기금과 사회보험만 중앙에서 협상하는 2중 구조로 분리되었다.

❝기업주가 중앙 협상을 하지 않겠다고 했다. 그래도 1990년대 경제 위기에서 임금이 인상되기는 했다. 오히려 LO 내부에서 임금 격차가 발생하고 있다는 것이 지금의 문제다. 노동조합 간에 임금 차이가 확대되는 것은 물론, 성별과 교육 수준, [이주 노동자의 경우] 이민자 출신국에 따라 격차가 발생하는 것도 심각한 문제다.”

이주 노동자는 LO에 가입할 수 있는지, 성평등위원회와 같은 기구가 LO에도 있는지를 물었다.

❝성별과 인종에 따른 차별이 생기지 않도록 신경 쓰고 있다. 많은 이주 노동자가 LO에 가입해 있다. 이주 노동자 네트워크도 있

다. '불법체류자'는 노동조합원은 아니지만, TCO와 함께 이들을 지원하는 사업을 펼치고 있다. 그리고 여성 노동자가 조합원의 거의 절반인데, 이들은 선거 전에 사민당 지지 선언을 하기도 했다. 보건 복지 분야의 노동자는 대부분 여성이다. 중앙 협상 때 여성이 많은 연맹은 여성의 비율에 따라 더 높은 임금 인상이 이뤄질 수 있도록 배려하고 있다."

자동차 회사가 해외에 매각된 뒤 발생하는 구조 조정에 대해 LO가 어떤 입장을 갖고 있는지 궁금했다.

❝스웨덴에서 해외 기업을 인수하는 일도 있기에 [스웨덴 기업의 해외 매각을] 반대하지는 않는다. 자연스러운 일이라고 본다. 다만 외국 기업이라도 스웨덴 식의 임금과 작업환경을 유지할 것을 강조한다. 여기에서도 구조 조정에 따른 실업이 발생하므로, 개별 노동자의 재고용 시스템을 잘 가동시키는 데 주력한다."

한편 수산네 위원은 한국의 노사 갈등이 심하다는 것을 잘 안다고 했다. 자세히 표현하지는 않았어도 '동정과 연민'의 시선은 분명히 느낄 수 있었다. 도저히 21세기라고는 믿을 수 없는 한국의 노동 현실이 부끄러웠다. 스웨덴도 과거 경찰의 폭력에 의해 노동자가 죽는 등 격렬한 대립이 있었는데 이에 심각성을 느낀 노사가 협상 절차를 합의하고, 수순대로 절차를 따르고도 합의하지 못한 경우에만 파업하기로 협약(살트셰바덴 협약)을 맺었다. 그 결과 단체협약을 맺은 2년 동안 사업주는 평화를 얻고, 노동자는 파업을 할 수 없는 대신에 더 나은 노동환경에서 더 많은 임금을 받고 일할 수 있다.

역시 아직은 남의 나라 이야기다. 해고되더라도 사회 안전망이 탄탄하게 갖추어져 보호받는 노동자와, 해고되면 그것으로 끝인 사회에 살고 있는 노동자의 차이는 스웨덴과 대한민국을 삼보 일배로 왕복해야 할 만큼 간극이 크다. 당장 대한민국의 노동 상황을 뒤바꿀 수는 없지만 노동자가 사회의 중심인 나라 스웨덴이 지구상에 있다는 사실은 희망이 된다.

참고로 LO의 홈페이지 주소는 'http://www.lo.se'다. 내가 지금껏 본 홈페이지 주소 중 단연 최고다. 앞서 말했던 싱크탱크 연구소 홈페이지 'http://www.arbetarrorelsenstankesmedja.se'와 비교해 보면 더욱 그렇다. 홈페이지는 스웨덴어와 영어로 각각 구축되어 있고, 소개는 독일어·스페인어·프랑스어로도 되어 있다.

스웨덴금속노조에서 확인한 또 다른 모습

스웨덴금속노조와의 면담은 LO와 전혀 다른 느낌이었다. LO는 노동자 조직화가 여전히 중요한 문제라고 생각하고 있었지만, 금속노조는 국가 산업 발전을 더욱더 중시했다. LO가 모든 노동자의 권익, 유럽 전체 노동자는 물론 아시아 노동자의 권익까지 고민하는 반면, 금속노조는 '고용된 노동자의 처우'를 우선시하는 것 같았다. 금속노조 정책 위원 알렉산다르 수사Aleksandar Zuza를 만나지 않았다면 스웨덴 노동조합의 한쪽 면만 보게 될 뻔했다.

금속노조를 방문한 것은 스웨덴 굴지의 기업인 볼보VOLVO와 사브의 매각에 대한 노동조합의 입장을 알고 싶어서였다. 베어링·특수강 제조업체 직원이던 아사르 가브리엘손Assar Gabrielsson과 구스타프 라르손Gustaf Larson이 1926년에 세웠다는 볼보는 1999년 미국의 포드에 매각되었고, 2009년 중국 지리 자동차에 재매각되었다. 1937년 항공기 엔진 업체로 출발한 이래 1947년부터 자동차 생산에까지 나선 사브는 1991년 GM에 매각되었고, 2010년 네덜란드의 스파이커Spyker에 재매각되었다. GM은 사브를 매수한 직후 말뫼 공장을 폐쇄한 바 있다.

2001년 GM에 매각된 대우자동차, 2005년 상하이 자동차에 매각된 쌍용자동차에서 일어난 일련의 사태가 떠올랐다. 쌍용자동차 노조 조합원들의 파업과 강제 진압이 벌어진 2009년 여름 평택에 나도 있었다. 그날을 생각하면 눈물이 나고, 참지 못할 울분이 솟는다. 지금도 쌍용차 가족들의 소식, 그것도 아이들이 입은 상처를 다룬 기사를 보면 피가 거꾸로 흐르는 것만 같다.

쌍용자동차는 대우에 매각되었다가 다시 상하이 자동차로 매각된 이후에도 계속해서 경영이 악화되었다. 이에 노동조합은 주택 융자금, 학비 보조금 등 복지 혜택을 반납하고, 급기야 2008년에는 2주간 공장 가동을 중단하는 데도 합의했지만 2009년 1월 상하이 자동차는 쌍용자동차의 경영권을 포기했다.

LO가 모든 노동자의 권익, 즉 유럽 전체 노동자는 물론
아시아 노동자의 권익까지 고민하는 반면,
금속노조는 '고용된 노동자의 처우'를 우선시하는 듯했다.
수사 위원을 만나지 않았다면 스웨덴 노동조합의 한쪽 면만 보게 될 뻔했다.

상하이 자동차는 경영권을 인수한 뒤 4년간 단 한 푼도 투자하지 않았다. 애초 매각 협상 시 합의한 기술 이전료 1천2백억 원 중 절반인 6백억 원만 지불했으면서, 오히려 쌍용자동차의 하이브리드 엔진 기술 및 핵심 연구원들을 중국 현지 본사로 빼돌렸다는 사실이 밝혀지면서 '먹튀' 논란을 낳기도 했다.[3]

한국에서는 기업이 매각되면 구조 조정으로 이어진다. 사회 안전망이 취약한 상황에서 구조 조정은 그 당사자에게 빈곤층으로 추락한다는 것을 의미한다. 노동자들은 기업 매각과 구조 조정에 맞서 강력히 투쟁할 수밖에 없다. 다른 방법이 없기 때문이다.

수사 위원은 기업의 해외 매각이나 구조 조정에 반대하지 않는다고 했다. 금속노조는 노동자를 보호하고 노사 협약을 유지하되, 사업장은 보호하지 않는다고 한다. 해고된 사람은 직업훈련을 통해 재고용하면 된다는 입장인데 이해하기 어려웠다. 실업률이 높고, 재고용이 용이하지 않은 상황이 계속될 경우 어떻게 할 것인지, 장기적으로 큰 문제가 되는 것은 아닐지 궁금했다.

그는 인구가 적고 수출 산업이 중요한 스웨덴에서는 가격 경쟁력을 유지할 필요가 있다면서, "화물차 생산 업체들이 구조 조정을 하고 난 뒤 건전성이 상당히 높아졌다. 볼보는 미국[포드]에서 중국[지리 자동차]에 팔려 확장기에 들어섰다. 아직 문제는 없다."라고 대수롭지 않게 말했다.

❝ 사브와 볼보의 고용 인원이 감축되었고 조합원들도 고생이 많다. 그렇더라도 구조 조정을 할 때는 해야 한다. 재교육을 통해 노동자들이 새로운 직업을 찾게 해주는 것이 중요하다. 경기가 어려울 때는 안전망이 작동해야 한다.”

해고는 〈고용안정법〉에 나와 있는 절차에 따라 이루어진다. 늦게 들어온 사람이 먼저 나가는 것이다. 청년층이 우선 해고 대상이 된다. 먼저 고용된 사람들을 보호해 주는 선입후출last in, first out 원칙을 따르느라 노동시장에서 청년들이 감당해야 할 불이익은 엄청나다. 노동시장의 기본 구조상 젊은 사람이 재고용되기가 좀 더 쉽기에 이런 원칙을 세웠다고 한다. 청년 실업률이 심각해진 원인 중 하나다. 협상을 통해 다른 방법을 찾아 우회하는 경우도 있지만, 일반적으로는 이 원칙을 따르고 있다. 그렇다면 볼보와 사브의 직장폐쇄 위기 상황에서 노동조합은 무엇을 했을까.

❝ 볼보는 진짜 위기까지는 가지 않았다. 포드가 매각하려고 할 때 노동조합은 중국의 지리 자동차를 선호했다. 노조는 주인이 누군지가 아니라 어떻게 경영할지를 중시한다. 사브는 정말 위기였다. GM이 폐쇄하려고 할 때, 노조가 정부와 언론을 통해 가치가 있다고 설득해 GM이 [스파이커에] 매각하게 했다. 외부 컨설턴트를 고용해 기업 가치를 증명했다.”

이것이 노동조합이 할 수 있는 최선의 행동이었을까? 스웨덴 경제의 성장을 위해 LO나 금속노조의 기반 축소를 받아들일 수 있는지를 묻자, 그는 단호하게 답했다.

❝받아들일 수 있다. 당장의 노동조합 조합원 숫자가 중요한 것이 아니라 국가의 부를 키우는 것이 중요하다. 단기적인 구조 조정에 반대하면 장기적으로 볼 때 국가적 손해로 이어진다. 임금을 낮추는 방식으로 경쟁력을 지니려 해봐야 대책이 없다. 저임금 정책은 답이 아니다. 중국을 이길 수는 없다. 스웨덴에 질 좋은 일자리가 많이 생기리라고 본다."

사회적 영향력이 큰 노동조합이 철저히 노동자 입장에 서지 않는다면 존재 의미가 무엇일까? 금속노조의 기반 축소는 단순히 노동조합이 작아진다는 의미에 국한되지 않는다. 앞서 언급한 대로 노동조합 조직률이 하락하면 사민당의 지지율 또한 하락해 노동자 정당이 집권하기 어려워진다. 금속노조가 이런 위기의식을 느껴야 할 것 같다(나는 애가 타는데, 이 사람은 왜 이리 여유로운가. 내 오지랖을 먼저 축소해야 하려나).

사브는 결국 2011년 12월 법원의 파산 결정을 받았다. 이에 따라 '국가의 파산 기업체 직원에 대한 임금 보장권'이 발생해 사브 직원들은 파산 3개월 전과 파산 이후 1개월간의 임금을 지급받는데 최고 보장 금액은 1인당 17만 크로나(약 280만 원)이라고 한다. 또한 사브 내에서 2개 인력 회사가 3천4백여 명에 달하는 사브 직원들의 전직을 돕기

위해 활동하고 있다고 한다. 이들의 자신감은 이런 제도에서 비롯된 것임이 분명하다.[4]

주

1__ 청년유니온 웹사이트(http://cafe.daum.net/alabor).

2__ "한·EU FTA, 한·미 FTA보다 더 강도 높은 불공정 조약"(『프레시안』 2011/04/05).

3__ "상하이차, 기술 갖고 튀는가"(『한겨레21』 2006/08/23).

4__ "스웨덴, 승용차 회사 사브의 파산과 직원들의 장래 문제"(한국노동연구원 웹사이트 http://www.kli.re.kr 〈해외노동동향〉 2012/01/26).

함께 살자고 말하는 경영자 단체, SAF

상대적으로 노동의 영향력이 강한 사회의 사용자들은 어떤 생각을 갖고 있을까? LO를 방문하고 나니 오히려 궁금해지는 것은, 이들이 살아가는 방법이었다. 노조에 대해서는 어떤 입장일까? LO와 사민당을 떼어 놓을 수 없듯, 보수당과 SAF도 그럴까? 유럽 최고 수준일 만큼 높다는 청년 실업률을 낮추기 위해 마련한 해법은 무엇일까? 대기업이 중소기업 위에 군림하고 있지는 않을까? 프뢱함마르 홍보위원과 두서없이 방담을 나눴다. 적어도 이들이 무엇을 가장 두려워하는지는 알 것 같았다.

● 사용자는 어떤 생각을 하고 있을까? ● 과거의 규칙으로 현재를 살아갈 수 없다 | 1970년대 스웨덴에서는 무슨 일이 있었나 | ● 창업 장려와 자영업자의 파산, 고용난과 청년 실업 ● 대기업과 중소기업의 공생, 노동자와 사용자의 협력

사용자는 어떤 생각을 하고 있을까?

별 생각이 없었다. 노동조합만 만나지 말고 사용자 측도 반드시 만나야 한다고 일행 중 누군가가 말했을 때 '그것도 괜찮겠군.' 정도로 가볍게 생각했다. 세상 모든 일에는 찬반양론이 있는 법이니 반대 의견을 들어야 온전히 판단할 수 있을 것 같기도 했다. 같은 날 오전에 LO를 만나고 나니 궁금증이 더 커졌다. 사용자들은 우파 연합이 집권하면서 어떤 기대를 품고 있는지, 사실은 이들이 보수당을 배후 조종하는 세력은 아닌지, 신자유주의를 어떻게 보고 있는지, 자동차 산업이 해외에 매각되면서 사용자들이 갖는 위기의식은 없는지 등등.

스웨덴경영자총연맹Confederation of Swedish Enterprise은 1902년에 결성된 고용주협회SAF로 대표되는데, 제조업·수공업·운수업 등이 포함된 부문별 사용자단체의 전국 연합체다. LO에 대응하기 위해 만들어졌다. 1975년에 이미 39개 산하단체에 2만6천 개 회원사를 둠으로써 주요 사용자단체와 기업들을 포괄했다. SAF의 이사회는 성원의 동의를 구하지 않고도 주요 결정을 할 수 있으며, 회사와 산하단체가 이사회의 승인 없이 노조와 개별 협상을 할 수 없는 만큼 SAF의 성원 규제력은 크다. 현재의 스웨덴경영자총연맹은 2001년에 SAF와 (1910년에 설립된) 스웨덴기업연맹Federation of Swedish Industry, SI이 합쳐져 만들어진 것이다. 일반적으로 SAF로 불리며 기업주 6만 명, 49개 분야의 회사가 회원으로 가입되어 있다.

스웨덴경영자총연맹은 입구에서부터 심상치 않았다. 시설도 세련되었을뿐더러 스웨덴에서 가본 곳을 통틀어 가장 친절했다. 스웨덴 어디에서도 맛보지 못한 신선한 과일을 대접하는가 하면 프레젠테이션도 완벽하게 준비하고 있었다. 사민당에서 물 한 잔도 마시지 못한 것과 절로 비교가 되었다.

말은 또 어쩌나 설득력 있게 하는지 모른다. 그래프로 그려진 통계를 곁들여 설명을 듣다 보면, '그래, 지금 실업 문제가 심각한데 임금을 좀 낮추더라도 일단 많은 사람을 취업하게 하는 것이 중요하지 않겠어? 무엇보다 사람들이 원한다는데 말이야.'라고 생각하며 고개를 절로 끄덕였다. 게다가 정신 차리고 생각하면 순순히 받아들일 수 없는 이야기인데, 막상 들을 때는 '사민당도 좀 변해야 할 것 같긴 해. 시대가 변했잖아. 빈부 격차 벌리자는 것이 아니라, 부자가 되는 것을 허용하자는 말이잖아.'라고 생각하며 나도 모르게 설득되고 있었다.

가장 놀랐던 것은, 스웨덴경영자총연맹이 스웨덴 전 지역의 학교를 찾아다니고 있다는 사실이었다. 창업 교육을 내용으로 한다지만, 아이들이 기업 논리에 익숙해지게 만드는 셈이었다. 이들은 교육이라는 방식을 통해, 지금까지 스웨덴을 지탱해 온 사회민주주의를 흔들고 있었다. 사민당과 LO, 시민교육협의회도 이렇게까지 하고 있지는 않다(하지만 이들도 결성 초기에는 '그렇게까지' 했었다).

학교 수업에 활용하는 교재에 자신들의 입장이 반영된 내용을 포함시키려 애쓰고 있다는 점도 놀라웠다. 사민주의가 1백 년의 역사에 안주할 동안, 이들은 다음 1백 년을 준비하고 있다는 생각이 들었다. 무서운 존재들 아닌가.

과 거 의 규 칙 으 로 현 재 를 살 아 갈 수 없 다

셸 프뤽함마르Kjell Frykhammar 홍보위원이 스웨덴경영자총연맹의 역사에 대해 설명했다.

> **"**1800년대 중반에 산업화가 진행되면서 회사들마다 파업이 많이 발생해 어려움이 있었고, 사업주들도 노동자들의 요구에 조직적으로 대응하는 것을 중요하게 여겨 사용자단체를 만들었다."

1800년대부터 시작한다. 이제 익숙하다. 조금 있으면 살트셰바덴 협약이 나올 거다.

> **"**1938년 노사가 협정을 맺었다."

빙고. 또 나왔다. 이 나라에서 역사 공부하기는 쉬울 것 같다. 사용자는 살트셰바덴 협약을 어떻게 평가할까. 셸 프뢱함마르 위원은 살트셰바덴 협약이 수십 년간 스웨덴 노동시장을 대표하는 협약이었으며 이 자체가 스웨덴 노동시장의 특징이라고 한다. 협약을 계기로 노사가 대립 관계가 아니라 산업 발전을 이루기 위한 협력 관계가 되었다고 자랑스럽게 말한다. 이 점에서는 노사의 입장이 일치한다.

스웨덴은 교육 수준이 상당히 높으며 신기술 개발 영역의 선도 주자다. 국민들도 시대 변화에 잘 적응하기로 유명하다. 노동조합도 잘했기 때문이다."

또한 노사 관계의 역사에 대해서도 언급했다.

다른 나라는 법률로 규제하지만, 스웨덴에서는 전통적으로 노동자와 사용자가 협상해 노동시장 규칙을 정한다. 스웨덴도 법률로 하려고 했으나 정당보다 노동시장 당사자들의 힘이 커서 결국 정부도 당사자가 알아서 해결하라고 결정하게 되었다."

셸 프뢱함마르 위원의 설명이 현대사로 이어졌다. 1970년대부터 노동시장을 규제하는 법이 만들어졌는데 SAF와 LO가 알아서 협상하던 것을 이때부터 정부가 법률로 강제했다고 한다. 그는 (사용자 측의 관점에서는) 이때부터 균형을 잃었다고 본다며 불만을 토로했다.

1970년대 스웨덴에서는 무슨 일이 있었나

전성기를 맞이한 복지국가, 그리고 사민당 장기 집권의 종식

1970년대 들어 보편적 복지가 포괄적으로 발전했다. 아동 정책에서는 "모든 아이는 모두의 아이"가 근본이념으로 자리 잡았다. 어린이집이 늘어났고 아동 수당과 주택 수당을 지급하는 등 자녀 부양 가족을 위한 총체적인 사회 개혁이 이어졌다. 1976년에는 유치원 운영에 관한 규정을 포함한 〈보육법〉이 개정되었다. 이는 1972년 팔메 총리가 사민당 여성 대회에서 "각 코뮌은 부모가 직장이나 학업 혹은 타당한 이유에 의해 자녀의 돌봄을 맡겨야 할 경우 이를 도와줄 의무가 있다."라고 연설한 내용이 토대가 되었다. 어린 자녀를 둔 여성의 절반가량이 직장 생활을 했던 당시 상황이 반영된 것이기도 하다.

피고용자의 입지를 강화하는 노동 입법이 이루어진 시기도 1970년대다. 작업장에서의 공동결정제도나 고용안정법이 대표적이다. 이에 따라 사용자는 노조와 협의를 거친 뒤에야 고용과 해고를 결정할 수 있었다. 산업 안전에 관한 입법이 이루어졌고 노조가 파견하는 안전관리 대표자에게, 유해한 작업을 현장에서 중단시킬 수 있는 권한이 부여되었다.

하지만 노동조합과 사용자단체 사이에 긴장이 점증한 시기이기도 했다. 노사 간 쟁점 사안에 대해 협상하는 대신, 입법을 통해 해결하려는 경향도 커졌다. TCO가 주도해 1970년대 중반까지 임금 인상이 이어지자, 경영자들은 산업의 국제경쟁력을 유지할 수 없다며 불만을 쏟아 냈다. 특히 SAF는 노동조합의 요구에 점차 저항하기 시작했다.

1932년 이래 40여 년간 집권해 온 사민당이 물러난 곳도 1976년이다. 1982년 선거에서 재집권했으나 1991년 선거에서 다시 보수 연합에 정권을 넘겨주는 등 1976년 선거를 기점으로 사민당의 장기 집권 시대가 끝나고, 사민당과 보수정당이 교차 집권하는 시대로 접어들었다.

_『복지국가 스웨덴』 49, 52, 61, 92~93쪽 참조.

❝1950~60년대에는 임금 협상이 잘되었다. 그 이후로 임금수준이 너무 올라가면서 사용자들은 인플레이션을 느꼈다. 임금 협상은 중앙에서 이루어졌는데 사업장에 내려가면 임금을 한 번 더 올리곤 해 결국 협상했던 안보다 더 많이 올랐다. 1990년대가 되면서 SAF는 임금 협상을 하지 않기로 결정했다. 갑자기 상대편을 잃게 된 LO에도 위기였다고 할 수 있다.❞

스웨덴경영자총연맹이 노동조합을 진심으로 걱정하는지와는 상관없이 이들의 기본 생각에 대해 확실히 알았다. 노동자와 사용자가 '상생'하는 방법을 아는 이들은 대화와 타협을 원한다. 이들이 지금 두려워하는 것은, 더는 상생할 수 없을지도 모른다는 사실이다.

전체 기업의 80퍼센트가 스웨덴경영자총연맹에 소속되어 있다. 반면에 노동조합에 가입된 노동자는 전체의 70퍼센트다. 다른 국가와 비교했을 때 스웨덴의 노동자 조직률은 여전히 높지만 점점 줄어드는 추세다. 노동조합 가입률이 떨어지는 이유가 무엇이라고 보는지 물었다.

❝스웨덴경영자총연맹에서는 개인들이 자기 자신을 조절하는 것이 중요하다고 생각한다. 개인주의를 선호한다. 하지만 노동조합 쪽에서 개인의 성향이 변한 것을 제대로 파악하지 못하고 있다. 노동조합이 사회 변화를 깨달아야 한다. 특히 화이트칼라 노동자들은 매우 현대적이다. 자기 일은 알아서 처리하려 한다. 반면에 LO는 노동자 개인을 그저 전체의 구성원으로만 여기는 경향이 있다.❞

2007년 노동자와 사용자는 새로운 협약을 맺기 위해 오랫동안 협상했지만 성공하지 못했다. 스웨덴경영자총연맹에서는 변화한 상황에 맞게 산업 분쟁과 임금 협상에 대한 새로운 규칙이 필요하다고 주장했다. 예컨대 노동자를 해고할 때 LO에서는 현재와 같이 근속 연수를 기준으로 하자고 했지만, 사용자 측에서는 능력이 있으면 남고, 능력이 없으면 나가야 한다고 주장했다. 결국 협상은 실패했으며 스웨덴경영자총연맹은 노동분쟁을 어떻게 해결하고, 임금 협상은 어떻게 할지에 대한 아무런 제안도 LO 측으로부터 받지 못했다고 한다.

셸 프뢱함마르 위원은 "진짜 실패는 협약을 맺지 못한 것이 아니라 노동자와 사용자라는 사회적 파트너가 노동시장 변화를 함께 읽어야 하는데 그렇지 못했고, 서로 신뢰를 회복하지 못했다는 것"이라고 했다. 스웨덴경영자총연맹은 스웨덴뿐 아니라 전체 유럽 국가가 위기에 처한 상황에서 어떻게 하면 경쟁력을 높일 수 있을지를 고민 중이라고 한다. 결국 스웨덴 노사가 처한 위기가 스웨덴 내부 상황이 아니라 전 세계를 휩쓸고 있는 신자유주의 때문이라고 보는 스웨덴경영자총연맹은 그 해결책으로 새로운 협약이 필요하다고 주장하는 것이다.

❝노동자 조합도 강하고 사용자 조직도 강하기 때문에 앞으로도 규칙을 정하기 위한 노력을 계속할 것이다. 노동시장의 변화된 현실에 맞추는 것이 가장 중요하다. 과거의 규칙으로 현재를 살아갈 수 없다."

노동자는 강한 힘을 가지고 있고, 사용자는 정확하게 현실을 직시하고 있다. 불꽃 튀는 진검 승부가 될 것 같다.

스웨덴경영자총연맹은 보수 정권의 등장에 어떤 기대감을 가지고 있을까? 5년 전 우파 연합이 집권했을 때 사용자 측에서는 1970년대에 만들어진 여러 가지 법률을 폐지하기를 원했다. 하지만 그런 기대와 달리 우파 연합은 노동자와 사용자, 즉 LO와 스웨덴경영자총연맹 모두가 원하지 않는 한 아무것도 바꾸지 않겠다는 입장을 취했다. 셸 프뢱함마르 위원에게 설명을 들으니 의문이 풀리면서 웃음이 나왔다.

사용자들은 언제나 우파 연합을 지지했다. 사용자들은, 과거 사민당이 노동자를 위한 법률을 제정했듯, 우파 연합이 사용자를 위한 정책을 펼칠 것이라고 기대했지만 이들 역시 노동자가 원하지 않는 정책은 추진하지 않았다. 더군다나 '새로운 노동자당'을 표방한 보수당이 실질적으로 노동자가 납부할 세금을 많이 낮추는 등 오히려 노동자를 위해 일하겠다는 입장을 표명하기까지 했다. 스웨덴경영자총연맹은 얼마나 실망했을까. 보수당은 앞으로도 노동자의 동의 없이 사용자를 위한 법안을 제정하지 않을 것이다. 노동자의 힘이 얼마나 강한 나라인지 다시금 확인할 수 있었다. 이런 상황을 잘 아는 사용자들도 다른 측면에서 기대감을 품고 있었다.

❝ 보수당이 '노동자를 위한 당'이라는 전략을 펴니까 사민당에 위기의식이 조성되었다. 사민당도 경제 위기 상황에서 복지 수당을 삭감하는 등 개혁을 통해 새롭게 출발하는 경우도 있었다. 이제 사

민당도 사람들이 부자가 되는 것, 임금 차이가 커지는 것을 허용해야 한다. 지금까지 노동시장에 들어온 사람들을 강하게 보호했다면, 이제는 약간 느슨해질 필요가 있다. 기업가도 보호해야 하기 때문이다. 사민당도 어쩌면 바뀔 것이다."

이들은 보수당이 자신들을 위한 정책을 도입하기보다, 사민당이 우측으로 한걸음 내딛기를 기대하고 있는 것이다.

창업 장려와 자영업자의 파산, 고용난과 청년 실업

스웨덴경영자총연맹이 어떤 일을 하는지 궁금한 것이 많았다(우리나라의 한국경영자총협회와 직접 만나 본 적이 없어서 더 그런 것 같다). 스웨덴경영자총연맹은 창업을 쉽게 하고, 고용도 쉽게 하고, 투자도 쉽게 하고, 직업을 찾는 것도 쉽게 하는 것을 목표로 한다고 했다. 쉽다. 최근에는 노동관계 법률, 세금, 전력 자원(에너지), 산업 개발 시설 등의 공동 문제를 해결하는 데 힘을 쏟고 있다.

회원 기업들은 정치인들을 접촉해 로비하기도 하는데 스웨덴경영자총연맹 차원에서 특정 정당에 재정 지원을 하지는 않고, 모든 당의 대표자를 초대해 토론을 진행한다. 정치인들이 현실을 잘 파악하고 사회 변동에 대해서도 잘 이해하는 것이 중요하다고 보기 때문에 이런 활동을 한다고 했다.

❝정당에 개인적으로 지원할 수는 있지만 연맹 측에서 지원하는 일은 없다. 기관에서 어떤 정당에 정치자금을 주면 신뢰성을 잃게 된다고 생각한다. 연맹은 여러 가지 정책을 제안할 뿐이고 정부가 이를 받아들여 시민에게 도움이 되면 좋은 것이다.❞

또 스웨덴경영자총연맹에는 노동시장·연금·보험·노동문제에 대한 전문가 150명가량이 일하고 있는데, 이들은 회원 조직의 자문에 응하거나 정부의 연구·개발R&D 투자를 유도하는 역할을 한다. 시민들의 의견을 청취하는 일을 중시해 여론조사 담당 부서를 별도로 두고 있다. 청년들에게 창업하라고 선전하는 것도 임무 가운데 하나다. 청년들은 취직을 생각하는데, 스웨덴경영자총연맹은 취직보다 기업 활동을 하도록 유도한다. 청년 창업을 지원하는 제도가 있는지를 물었다.

❝청년이라고 해서 특별히 창업 지원금을 주지는 않는다. 생업을 잃은 사람들이 창업하면 정부에서 지원금이 나온다. 기업가 단체인 우리가 청년들에게 돈을 쥐어 주면서까지 경쟁자를 만들지는 않는다.(웃음) 요즘 정부에서 열심히 활동하는 것은 여성 창업 지원이다. 네트워크를 만들어 설명하고 관련 모임도 추진한다.❞

스웨덴도 높은 실업률을 벗어날 탈출구로 창업을 장려하고 있었다. 창업 자체보다는 얼마나 지속 가능한 창업을 하느냐가 중요하다. 우리나라에서도 많은 사람들이 창업하고 있다. 동시에 또 많은 사람들이 폐업하고 있다. 문을 연 지 얼마 안 된, 동네 작은 치킨집이 피자집으로 바뀌었다가 간판 외울 새도 없이 분식집으로 바뀌거나, 요란하게 개업했던 연탄 구이집이 실내 포장마차가 되었다가 일본식 선술집으로 바뀐다. 개업이 잦으니 떡집이나 꽃집은 장사가 좀 되려나.

2004년부터 2009년까지 우리나라에는 연평균 59만5천여 개 업체가 새로 생겼고, 57만7천여 개 업체가 휴업하거나 폐업했다. 신규 업체의 1년 생존율은 약 70퍼센트, 2년 생존율은 약 55퍼센트, 3년 생존율은 약 45퍼센트 내외였다.[1] 신규 업체의 절반 이상이 3년 안에 문을 닫는 셈이다. 우리나라 자영업자는 565만여 명으로 전체 근로자의 30퍼센트에 달하며, 경제협력개발기구[OECD] 회원국 평균의 두 배나 된다고 한다.[2] 직장을 구하지 못한 조기 퇴직자, 실직자, 또는 사회 초년생들이 창업을 한다. 상당수 자영업자들이 빠르게 몰락해 빚더미에 올라서고 있다. 보통 심각한 일이 아니다.

우리나라는 어쩌다 이런 상황에 처하게 되었을까. 대기업 중심의 경제구조가 공고화되어 있는 상황에서 기업체의 정규직 고용이 늘지 않으니 취업과 실업을 반복하는 불안정 취업자와 실업자가 넘쳐 나고, 먹고살기 위해 가진 것을 탈탈 털어 창업 대열에 합류하고 있다. 경제가 어려울수록 창업하려는 사람은 늘어난다. 그러나 성공 가능성은 낮다. 실패할 경우 재기할 기회는 거의 없고 '신용 불량자'로 전락하기 일쑤다. 악순환의 궤도에 올라선 것이다. 그래서 스웨덴의 창업 장려가 걱정스러웠다.

“2010년 6월에 파산한 기업이 6백여 개 정도 된다. 작년 6월과 비교하면 10퍼센트 정도가 줄어든 것이다. 매년 7천~8천여 개 회사가 파산한다. 하지만 창업하는 기업이 3만 개 정도 되니까 창업 시장은 활력이 넘친다고 볼 수 있다.”

스웨덴 상황은 아직까지 걱정할 정도는 아닌 것 같다. 내가 걱정할 문제는 아니지만 어쨌든 다행이다. 스웨덴의 기업인들은 무엇이 불만인지를 물었다. 그러자 세율이 높고, 직원을 채용하기 어렵다며 말을 이었다.

“기업인들은 임금 이외에도 임금의 30~40퍼센트에 달하는 세금을 낸다. 이것이 사회보험·실업보험 등의 재원이다. 기업이 월급을 주고 세금도 내고 이윤까지 남기려면 효율성이 굉장히 높아야 한다. 돈을 아주 많이 번 기업만 살아남을 수 있다. 이 때문에 서비스 업종의 회사가 늘기 어렵다. 가게를 봐도 직원이 별로 없다. 인건비가 매우 높으니 되도록 사람을 채용하지 않고 자동화하려고 한다. 기업가 측에서는 최초 임금(초봉)이 더 낮아지기를 원한다. 그래야 노동자를 채용할 수 있다. 특히 초봉 문제는 청년 실업과도 직결된다. 스웨덴의 청년 실업률은 유럽 최고 수준일 정도로 높다. 일하고 싶은 청년들이 노르웨이나 덴마크로 떠나는 실정이다. 노동시장의 구조적 문제인 셈인데, 사용자 측에서는 이런 문제를 해결해야 한다고 이야기하고 있다.”

가슴이 답답했다. 청년 실업 문제가 전 세계를 강타하고 있다. 노동조합은 임금을 낮추면 결국 노동환경이 악화될 것이라고 우려한다. 스웨덴경영자총연맹의 입장은 또 달랐다.

"초봉이 낮다고 해서 임금이 계속 같은 수준에만 머무르는 것은 아니다. 그러니 일단 일하게 하는 것이 더 중요하지 않은가. 잘해서 인정받으면 더 높은 임금을 받게 될 것이다. 초봉이 재직자 평균 임금의 80~90퍼센트일 만큼 높은 곳도 있는데, 이래서는 도저히 신규 채용을 할 수가 없다. 오래 일하고 능력이 좋은 사람은 좋은 임금을 못 받고, 일하고 싶은 사람은 일할 수 없게 되어 버렸다. 변화해야 한다."

자꾸만 설득되려고 한다. 싱싱한 과일만큼 달콤한 유혹이다. 한 치 앞의 상황만 바라본다면 셸 프뢱함마르 위원의 말이 맞을 수도 있다. 청년 실업을 해결하기 위해 당장 취할 수 있는 최선의 정책일지도 모른다. 하지만 한번 낮춘 임금은 '저임금 노동시장' 형성을 가속화할 것이다. 스웨덴이 동일노동 동일임금이 제도적으로 보장되어 있고, 동일하지 않은 노동 간 임금격차 또한 비교적 작다고는 하지만, 서비스산업 분야 노동자들은 상대적으로 저임금을 받고 있는 것도 사실이다.

자본주의는 여러 종류가 있다. '부'의 소유 여부가 사회적 신분을 결정하고 신분 간 이동이 불가능하며, '부'를 축적하고자 비도덕적 수단마저 거리낌 없이 사용하는 '천민자본주의'부터, 시장경제에서 밀려난

사람들을 보호하기 위한 안전망을 갖춘 '인간의 얼굴을 한 자본주의'에
이르기까지 다양한 형태의 자본주의가 동시에 존재한다. 한국의 자본
가가 전자에 가깝다면 스웨덴의 자본가는 후자에 가깝다. 스웨덴 자본
가가 태생이 도덕적이어서 이런 경향을 보이지는 않을 것이다. 정부의
규제와 개입이 자본의 근본적 속성조차 제어한다고 보는 것이 맞다.
정부가 개입하지 않는 것이 오히려 도움이 되는 우리나라의 현실을 넘
어서려면, 역시 정치가 중요하다.

스웨덴은 청년 실업 문제를 해결하기 위해 청년들에게 구직 3개월
안에 일자리 또는 교육의 기회를 제공하는 '특별노동정책'ungdomsgaratin
을 실시했고, 최근 청년 실업률은 낮아졌다.[3] 정부의 역할이 어떤 것인
지를 단적으로 보여 준다.

대기업과 중소기업의 공생, 노동자와 사용자의 협력

다른 질문으로 넘어가자. 한국은 중소기업과 대기업의 이익을 대변하
는 경영자 단체가 따로 있다. 대기업이 중소기업과 불공정 거래를 많
이 해서 두 진영이 사실상 대립 관계이기 때문이다. 스웨덴에서는 대
기업과 중소기업의 이해관계를 어떻게 조정할까.

❝스웨덴경영자총연맹에는 [대기업과 중소기업이] 전부 포함되어 있
다. 대기업과 중소기업은 원하는 방향이 다르니까 약간 긴장 관계

에 있는 것도 사실이다. 현재와 같은 큰 조직이 탄생한 2001년만 해도, 중소기업의 문제를 잘 처리하지 않을까 봐 걱정하는 이들이 많았다. 지금은 걱정하지 않는다. 연맹 안의 소기업인위원회가 중소기업에 대한 문제를 처리한다."

각자의 역할이 다르다는 설명도 했다. 회비를 많이 내는 대기업들은 총연맹 전체의 조직력을 높이고, 중소기업은 조직의 신뢰성을 높인다는 것이다. 스웨덴경영자총연맹 회비는 그 기업이 지불하는 임금 총액에 비례해 정해진다. 임금을 많이 지불하는 대기업은 회비도 많이 낸다. 임금 총액의 0.09퍼센트로 정해졌는데, 특별한 계산 방식을 적용해 대기업은 이보다 좀 더 많이 내게 된다.

소득 비례 누진제를 여기까지 적용하다니 놀라웠다(게다가 '소득' 비례가 아니라 '지출' 비례인데 말이다). 아무리 생각해도 스웨덴 대기업은 참 성격이 좋은 것 같다. 세금 많이 내는 것도 억울할 텐데, 스웨덴경영자총연맹 회비까지 많이 내라는 지침을 수용하고 있으니 말이다. 회비 계산 방법이 원초적이긴 하지만 무척 마음에 든다(원초적이라 마음에 드는 걸까).

마지막으로 전 세계를 휩쓸아치고 있는 금융 위기에 대한 스웨덴경영자총연맹의 방어 전략을 물었다.

❝스웨덴은 수출에 주력하는 기업이 많아서 금융 위기 때 많이 고생했다. 다른 나라는 기업이 위기에 처하면 재정 지원이 늘어나는데, 스웨덴 정부는 어떤 기업에도 도움을 주지 않겠다고 했다. 그

결과 기업은 고생했지만 정부 재정은 튼튼해졌다. 재정 위기 때 금속노조는 제조업자(사용자)들과 특별 임금 협상을 했다. 노동시간을 줄이고 임금 인상폭을 아주 낮게 해, 노동자들의 실질임금이 줄어들었지만 이를 감수했다. 그래서 기업도 살아남을 수 있었다. 앞으로도 그렇게 되리라고 생각한다."

서로가 서로를 살린 것이다. 우리는 제대로 경험해 보지 못한 노사 협력의 문화다. 낯설다. 그리고 무섭기도 하다. 우리도 진보 정당의 힘이 커지고 노동조합의 교섭력도 늘어나면 그렇게 할 수 있지 않을까 하는 생각이 들었다.

주

1__ 한국 통계청 웹사이트(http://kostat.go.kr).

2__ "가계부채 뇌관인 자영업자"(『내일신문』 2011/06/29).

3__ "스웨덴, 청년실업 감소 추세"(한국노동연구원 웹사이트 http://www.kli.re.kr 〈해외노동동향〉 2011/09/22).

보통 사람의 생활 정치가 펼쳐지는 곳, 코뮌

처음으로 스톡홀름을 벗어난 날이다. 그래 봤자 스톡홀름에서 전철로 다섯 정거장 떨어진 후딩에 코뮌이었지만. 스웨덴의 복지가 최종적으로 이루어지는 현장이 코뮌이라고들 하니, 도대체 그곳에선 어떤 정치가 펼쳐지기에 시민들의 실생활이 외면당하지 않을 수 있나 보고 싶었다. 우파 연합이 집권한 뒤 복지 정책이 얼마나 달라졌는지도 궁금했다. 코뮌의 어원은 '작은 주민 공동체'라고 한다. 그곳에서 만난 이는, **특별할 것 없는 '보통 사람'이 의원이 된다고 말하는 획베리 의원이었다.** 그와 이야기를 나누는 동안 머릿속으로 보통 사람이 중심이 되는 다양한 정당을 상상했다.

● 보통 사람이 결정하는 '작은 주민 공동체' ● 스웨덴과 한국의 정당정치에 대한 생각 ● 청소년의 방학 일거리를 책임지는 지방의원

보통 사람이 결정하는 '작은 주민 공동체'

이동에 소요되는 시간조차 아까워, 그 시간에 한 군데라도 더 방문하자는 욕심에 되도록 스톡홀름 안에서 일정을 잡았다. 스톡홀름 지하철 노선도를 다 익혀 갈 즈음 드디어 시내를 벗어나게 되었다.

지방의회 의원을 만나러 가는 날이다. 방문지는 스톡홀름 인근의 '후딩에'Huddinge 코뮌이다(말이 스톡홀름 바깥이지 중앙역에서 다섯 정거장 거리이니 그야말로 '인근'이다). 새로운 전철 외곽 노선을 타고 갔다. 시선 두는 곳 어디나 하얀 눈이 쌓인 풍경일 뿐이지만 새로웠다. 꽁꽁 얼어붙은 강을 건너고, 작은 숲을 지났다. 스톡홀름에서 몇 정거장 오지 않았는데 시골에 들어선 듯했다. 조금만 더 가면 끝없는 자작나무 숲으로 들어설 것 같았다. 조금만 더 가면 발트 해에 닿을 것 같았다. 정말이지 조금만 더 갔으면 싶었다.

기차역 끝까지 가보고 싶었다. 일행이 내릴 때까지 뒤에 머뭇거리다, 문이 닫힐 때 안 내리면 되지 않을까. 당황한 표정으로 창밖의 동료들을 바라보면 별다른 의심을 사진 않을 텐데. 그냥 끝까지 갔다가 아무 일 없다는 듯이 돌아오면 되는데. 창밖 풍경에 취해 고심을 거듭

스톡홀름 지하철 노선도를 다 익혀 갈 즈음 드디어 시내를 벗어나게 되었다.
새로운 전철 외곽 노선을 타고 간 방문지는 스톡홀름 인근의 후딩에다.

했다. 소심한 탓에 사고를 치지는 못했다. 나처럼 생각한 사람이 또 있을까 싶어 애꿎게 다른 사람들만 어서 내리라고 채근했다.

스웨덴의 행정구역은 랜Län이라 불리는 주(시·도)와 코뮌kommun이라 불리는 시정촌(시·군)으로 구성된다. 스웨덴에는 290개 코뮌과 21개 랜이 있다(1개 랜당 평균 13.8개 코뮌이다).[1] 중앙정부는 〈지방정부법〉 및 관련 법령을 근거로 지방정부에 지침을 부여하거나 감독할 수 있다. 지방정부 관할 업무는 보건·위생·의료(전체 예산의 80퍼센트를 차지한다), 사회보장, 문화, 도로·교통, 상하수도, 소방, 초·중·고교 교육 등이다. 주민은 지방정부 결정 사항에 대해 행정법원에 제소할 수 있다.

고틀란드를 제외한 20개 랜에는 광역 지방정부인 란드스팅이 있다. 그 밖의 주요 기관으로는 주 의회, 의회의 제반 업무를 조정하는 집행위원회, 주 정부가 있다. 주 정부는 중앙정부가 임명한 6년 임기의 주지사를 중심으로 중앙정부를 대표하는 역할을 수행하며 지방 행정 업무 전반을 관할한다.

코뮌에는 시민에 의해 선출되는 코뮌 의회, 의회 조직 코뮌위원회, 이를 보좌하는 코뮌 행정사무소가 있다. 또 지방 주민 투표제도municipal referendum를 도입해 특정 사안에 대한 의견을 수렴할 필요가 있을 때 주민 투표를 실시한다. 지역 내의 전체 유권자 가운데 5퍼센트 이상이 요구할 경우 의무적으로 실시하도록 되어 있다.[2]

랜과 코뮌마다 인구수가 다르다. 블레킹Blekinge 랜이 15만 명 정도이고, 가장 큰 스톡홀름 랜은 2백만여 명에 이른다. 스톡홀름 코뮌(스톡홀름 랜 안에 스톡홀름 코뮌이 있다)은 81만 명 정도이며 제일 작은 코뮌인 비

우르홀름Bjurholm 코뮌은 2천5백 명가량에 불과하다.[3]

의회 의원의 숫자는 코뮌 크기에 따라 다르지만 인구 비례를 그대로 따르지는 않는다. 그래서 스톡홀름에는 101명의 의원이 있는데, 비우르홀름의 의원은 31명이나 된다. 주민 수에 비해 의원 수가 너무 많으니 좀 줄여 달라는 요구가 있지만, 법률로 규정되어 마음대로 변경할 수 없단다. 누가 봐도 인구 대 의원의 비율이 맞지 않고, 무엇보다 지역 주민들이 원한다는데도 정작 법 개정이 어렵다고 하니 놀랄 일이다 (성질 급한 사람은 법 개정 기다리다 꼴딱 넘어가겠다).

코뮌 의원은 '보통 사람'이 한다고 한다. 코뮌의 어원이 '작은 주민 공동체'에서 나왔음을 고려하면 매우 잘 어울리는 표현이다. 당연한 말이다. 그럼에도 신선했다. 한국 사회에서 정치인은 특별한 존재다. 불과 얼마 전까지도 정치는 '특별한 정치인' 또는 '특정 정치 집단'의 영역이었다. 보통 사람들의 삶과 별 상관없는 '그들만의 정치'였다.

2000년 1월 30일 민주노동당이 창당한 이래 진보 정당 역사가 10년을 넘어섰다. 진보 정당에 대한 기대는, 그들만의 정치를 '우리의 정치'로 만들어 달라는 바람이었을 것이다. 진보 정당은 국민의 기대에 부응하고 있는가? 구태의연한 정치를 반복하고 있지 않은가? 스스로에게 아프게 물어야 할 일이다. 나는 신나는 정치를 하고 싶다. 보통 사람들의 상식적인 요구가 통하는 재미있는 정치를 만들어 가고 싶다.

후딩에 코뮌은 스웨덴에서도 큰 코뮌에 속한다. 7만5천여 명이 살고 있다. 이곳에서 의회 의원과 사민당 비서를 만났다. 사민당 소속 에밀 획베리Emil Högberg 의원의 직업은 재무부 소속 법률고문이었다. 많은 의원들이 자기 직업을 따로 가진 채 의원 활동을 병행하는 편이고, 개중에 의원 활동에 전념하고자 휴직하는 이들도 있단다. 획베리 의원의 표현에 따르면 '여가 시간'에 위원회에 와서 회의를 하는 것이라고 한다. '보통 사람'이 의원을 한다는 점을 계속 강조했다. 그야말로 '의원'은 '주민 대표'의 확장된 개념인 셈이다.

이러다 보니 급여가 따로 정해진 것이 아니고, 의정 활동 때문에 본래의 자기 업무를 제대로 못하는 것을 보상하는 차원의 비용이 지급된다고 한다. 휴직할 때도 마찬가지로 보상을 받는다. 그렇게 지급되는 비용이 어느 정도인지를 물었다. 획베리 의원은 질문을 이해하기 어렵다는 듯이 의아한 표정을 지으며 "모두 다르다. 어떤 직업을 가졌는지에 따라서도, 일하는 시간에 따라서도 다르다. 1백 퍼센트 정치 활동만 하면 1백 퍼센트를 받고, 조금 일하면 조금 받는다."라고 답했다. 그래서 얼마를 받는지가 정말 궁금했지만 다시 질문하기는 민망했다. 이들에게 의원의 급여가 얼마인지는 전혀 중요하지 않은 것 같았다.

앞서 이야기했듯이, 스웨덴은 중앙정부 선거와 지방정부 선거가 같은 날에 치러진다. 우리처럼 임기는 4년이다. 후딩에 코뮨의 의원은 61명인데 다들 매우 활발히 활동하고 있다고 한다. 후딩에 코뮨에는 10개 정당이 있고, 현재는 우파 연합인 보수당·자유당·중앙당·기독교민주당이 연정을 하고 있다. 이들의 의석을 모두 합치면 34석이다. 사민당이 포함된 좌파 연합은 23석에 불과하다. 지역당과 스웨덴민주당 등 2개 정당은 어느 쪽에도 소속되지 않은 채 정책에 따라 입장을 정한다.

후딩에 코뮌은 스웨덴에서 큰 코뮌에 속한다.
이곳에서 만난 의회 의원과 사민당 비서는
코뮌 의원은 '보통 사람'이 한다는 점을 계속 강조했다.

스웨덴과 한국의 정당정치에 대한 생각

"이민자를 추방하자."라는 공약을 내건 스웨덴민주당이 의회에 진출한 것은 의외였다. 스웨덴민주당은 "스웨덴 내 무슬림 인구의 증가는, 제2차 세계대전 이후 외부에서 가해지는 가장 큰 위협"이라며 이민자 수를 대폭 줄일 것을 주장했다.

심지어 이들은 부르카를 입은 무슬림 여성들이, 복지 급여를 받으려고 기다리던 백인 연금 수급자를 밀치고 앞질러 가는 내용의 30초짜리 선거 광고를 제작하기도 했다. 얄궂게도 그다지 존재감 없는 정당이었던 스웨덴민주당은, 이 광고의 방영을 거부한 스웨덴의 한 방송국이 광고의 일부를 불투명 처리하는 조건으로 내보냈다는 사실이 알려지면서 검열의 희생자인 양 부각되었다고 한다.[4]

보수당의 대표마저 선거 유세에서 "스웨덴을 사랑하는 이라면 스웨덴민주당에는 투표하지 말 것"을 당부했지만 스웨덴민주당은 의회 진출에 성공했다. 실업률이 높아지면서 불만이 쌓인 젊은이들과, 이민자가 더 많이 유입되어 일자리를 잃을까 걱정하는 가난한 이들이 극우파 정당에 투표한 것 아닐까? 현실은 잔인하다.

스웨덴 정당정치의 다양성에는 잔인한 현실도 담겼지만, 시대를 개척하는 힘도 엿보인다. 해적당Piratpartiet과 페미니스트 이니셔티브Feminist Initiative, FI에 대한 이야기다. 2006년 총선에서 처음 얼굴을 드러낸 해적당은 같은 해 선거에서 0.63퍼센트를 득표했고 스웨덴 의회에서는 의석을 차지하지 못했으나, 2009년 유럽의회 선거에서 7.13퍼센트를 득표해 2석을 확보한 정당이다. 당원 수로는 녹색당을 넘어선 지 오래이고 좌파당·자유당·기독교민주당·중앙당을 추월해 사민당·보수당에 이어 제3당이 되었다.[5]

'해적'은 인터넷상의 저작권 침해 행위를 뜻하는 말인데, 이들은 저작권법의 개혁과 특허제도 폐지, 개인 정보 보호 강화를 주장하고 있다. 비영리 목적이라면 개인이 인터넷상에서 자유롭게 파일을 공유할 수 있어야 한다는 것이다. 나는 이들의 주장 가운데 특허제도 폐지가 마음에 든다. 제약 산업과 관련이 있기 때문이다. 대규모 다국적 제약 회사들의 특허 탓에 약품 가격이 높게 유지되고 있다. 해적당은 의약품 특허제도가 사라지면 약품 가격이 내려가 환자들, 특히 제3세계 환자들이 손쉽게 약품을 구할 수 있을 것으로 본다. 국가가 의약품 공급을 책임지라는 주장도 매력적이다. 나는 우리나라에도 '국립 제약 회사', '국립 의약품 연구소'가 있어야 한다고 생각한다.

스웨덴의 해적당 모델은 짧은 기간에 전 세계로 퍼져 나가 국제 해적당Pirate Party International, PPI을 결성하는 등 점점 확산되어 가고 있으며, 2009년 독일에서는 지방의회 진출에 성공하기도 했다. 2010년에는 스웨덴 해적당 소속 의원이 우리나라에 찾아온 바 있다. 아멜리아 앤더스도터Amelia Andersdotter 의원은 서울 마포구 성미산마을극장에서 시민 단체 회원을 비롯해 여러 사람들과 이야기를 나누었다고 한다(우리 동네다. 나, 성미산마을에 사는 사람이에요). 스물세 살의 유럽의회 의원인 그는 저작권 제도 개혁과 특허권 폐지, 개인의 프라이버시 존중 등을 위해 자신이 해적이 되는 것에 거리낌이 없다고 했다. 디지털 환경에서 생거난 문제를 지적하는 정당이 있어야 한다면서, 한국을 비롯한 모든 국가에 해적당이 필요하다고 생각한단다. 정보 통신 기술에 대해 문제가 제기될수록 사용자 친화적인 환경을 만들고 더 많은 정보를 공유할 가능성을 높일 수 있다며, 한국에서 해적당을 만들려면 이동 통신 산업의 문제를 살피는 것이 좋겠다는 조언을 남기기도 했다.[6]

페미니스트 이니셔티브는 통상 여성당이라고 불리며, 정치에 참여할 목적으로 2005년에 설립된 여성 단체다. 세계적으로 손꼽히는 성 평등 국가에서 여성당이 왜 필요할까? 이들은 "다른 나라의 여성들이 남성들에게 독립되어 있는지를 질문한다면, 스웨덴은 여성들이 국가·체제로부터 독립되어 있는지를 질문해야 한다."라고 말한다.[7]

여성들이 노력하고 있음에도 각 정당 안에서 여성 문제가 우선적·중심적으로 다뤄지는 데 한계가 있다고 본다. 무엇보다 스웨덴에서도 가부장적 사회 문화가 사라지지 않고 있는데, 이런 현상이 임금격차, 성폭력, 인종차별, 이성애 중심주의 등으로 나타나고 있다고 주장한다. 진정한 성 평등을 실현하기 위해서는 가부장적 권력 구조를 무너뜨려야 한다는 것이다. 내가 하고 싶은 말, 내가 하고 싶은 일이다. 그렇다면 결국 여성당을 만들 수밖에 없나? 우리는, 우리 사회 어디나 깊이 뿌리내려 불쑥불쑥 발부리에 차이는, 진보 진영 내에도 존재하는 가부장제를 무너뜨리기 위해 보이지 않는 백조의 발처럼 오늘도 달린다.

우리나라도 어서 빨리 다양한 정당들이 우후죽순 생겨나는 나라가 되었으면 좋겠다. 언론에 한 번 등장하고 사라지는 실험 정당이 아니라 개별 요구가 정당의 형태로 집결되어 힘을 발휘하는 사회 문화가 확립되기를 바란다.

민주주의가 더는 후퇴하지 않을 것이 확실해질 만큼 굳건히 자리 잡고, 노동의 가치가 제대로 평가되고, 진보 정당이 명실상부 수권 정당의 면모가 확인되었을 때, 그때쯤이면 우리도 정당의 다양성이 발현될 것이다(그런 날이 언제 오냐고? 금방 온다. 내기라도 하고 싶은 심정이다).

나는 '개그당'이 생겼으면 좋겠다고 생각해 왔다. 엄숙하고 권위적인 사회에 도전장을 내미는, 랩으로 대정부 질의를 하고, 록 밴드와 함께 의정 보고회를 하고, 우리 동네 연예인처럼 주민들과 어울리면서 정치가 얼마나 재미있는 것인지 보여 주는 정당 하나쯤 있다면, 팍팍한 정치 문화도 허물어지지 않을까? 권위적이고 봉건적인 정치판을 허물 정당 하나 꼭 있었으면 좋겠다. 개그당의 대표는 김제동 씨가 했으면 좋겠다(나는 김제동 씨랑 찍은 사진도 있다).

개그당이 너무 가벼워 보인다면(가벼움이 개그당의 존재이유이긴 하지만) '투표권 없는 자들의 정당'은 어떤가? 주요 지지 기반은 아동, 이민자, 주민등록 말소자 등이다. 우리나라 아동복지의 진전이 더딘 이유는 아동들에게 투표권이 없기 때문이라는 말이 있다(우리끼리 하는 말인데 진짜 그런 것 같기도 하다. 기초 연금, 장기 요양 등이 전격 도입된 노인복지와 비교해 보면 극명하게 드러난다).

또 이미 상당수의 '다른 민족'과 함께 살고 있고, 앞으로 더 많은 '다른 민족'과 살 것이 분명함에도, 순혈주의를 고수하고 있는 대한민국의 〈공직선거법〉은 외국에 살고 있는 '한민족'에게는 지방자치단체의 국내 거소 신고인 명부에 이름만 올리면 투표권을 주지만, 대한민국에 거주하고 있는 외국인이 투표권을 얻기는 매우 까다로워서 "영주의 체류 자격 취득일 후 3년이 경과한 외국인"에게만 준다. 영주권을 획득하려면 일정 수준의 재산과 소득이 있어야 하니 수많은 이주 노동자에게는 그림의 떡이다. 주민등록 말소자 역시 우리 사회에서 유령과 같은 존재다. 존재하되 존재하지 않는 사람들이다. 정당은 '유권자'의 표심을 잡기 위해 움직이므로 이들과 같은 '비유권자'는 정당의 관심 밖에 놓일 수밖에 없다. 그러니 '투표권 없는 자들의 정당' 같은 것이 필요하지 않을까?

청소년의 방학 일거리를 책임지는 지방의원

상상의 나래를 접고, 다시 후딩에로 돌아가자. 집권당이 바뀌었으니 지방정부의 정책에도 변화가 있는지 궁금했다. 스웨덴의 과세 체계는 지방세와 국세로 나뉘는데 모든 봉급생활자를 납부 대상으로 하는 지방세는 기초 지방자치단체가 관리한다. 지방세는 기초 지방세와 광역 지방세로 구분되는데 봉급생활자의 주소지가 있는 지역에서 평균 31퍼센트의 지방세를 부과한다. 이 가운데 7퍼센트는 광역 자치단체로, 24퍼센트는 기초 자치단체로 할당된다.

획베리 의원은 "후딩에 코뮨은 정권이 바뀌기는 했지만 세금 정책은 별로 바뀌지 않았다. 2~3년 지나면 바뀔 수도 있으나 변화 폭이 크지

는 않을 것이다. 소득의 30퍼센트를 세금으로 부과해 온 것이 30.01퍼
센트로 바뀌는 정도에 그칠 것이다. 소득세가 줄었으니 중앙정부의 수
입이 줄어들고 이에 코뮌도 영향을 받은 것은 사실이다. 그러나 병가
를 낸 사람이나 실업자에게 타격이 있었겠지만, 적어도 일반적인 복지
정책에 영향을 미친 것은 아니다."라고 답했다.

하지만 스웨덴에서는 우파 연합이 집권한 이후 사회 서비스 분야의
민영화를 시도하고, 경쟁 체제를 도입했다. 이런 변화에 대해 어떻게
생각하는지 물었다.

❝ 모든 사람이 필요하면 사회 서비스를 받아야 한다. 사회복지는
세금으로 운영되고, 높은 수준으로 유지되어야 한다. 이것이 원칙
이다. 민간 기업이 들어와서 서비스를 제공하는 것은 부수적인 문
제다. 코뮌에서 궁극적인 책임을 지는 것이니, 감독·감시를 잘해서
적절한 수준을 유지하게 하면 그만이다."

공공을 통한 사회복지 제도를 운영해 온 나라의 자신감을 엿볼 수
있었다. 민간 주도로 사회 서비스가 공급되는 우리의 현실과는 다르
다. 하지만 아무래도 공공복지보다 이윤을 우선시하는 민간 기업의 비
중이 늘어나고 있다는 말에 걱정이 되었다. 그러자 디나 에베네우스
Dina Eveneus 사민당 비서가 덧붙여 설명했다.

66정부가 제공하는 서비스는 특별 업무, 기본 업무, 시민의 권리 보장 업무로 나눌 수 있다. 예컨대 장애인에게 서비스를 제공하는 것은 모든 국민의 권리에 해당하는 영역이므로, 정부가 관련 업무를 제대로 수행하지 않으면 정부를 상대로 고소할 수 있다. 예전만 해도 코뮨에서 자발적으로 하던 것들이 점점 의무화되어 가는 추세다. 모든 시민을 평등하게 대우해야 한다. 사회 서비스를 제공하는 대가로 이윤을 남겨서는 안 된다."

사회 서비스를 제공하면서 돈을 벌 수 없다면, 어째서 민간 기업이 이 영역에 진출하려 하겠느냐는 조언을 건네고 싶었다. 둑은 바늘구멍 만으로 터질 수 있다. 자본은 이윤을 따라 다닌다. 돈을 벌 수 없는 곳에는 결코 투자하지 않는다. 어쨌든 스웨덴은 공공의 기반이 튼튼하니 당장의 위협은 없을 것이다.

2010년 9월에 있었던 선거에 관해 자세히 질문했다. 사민당의 주요 공약을 묻자 에베네우스 당 비서는 "코뮨에서 담당하는 모든 분야 가운데 약속하지 않은 분야가 없다."라며 활짝 웃는다. '유치원의 그룹을 작게 하자', '학교 선생님 숫자를 늘리자', '학생들에게 추가로 도움을 많이 주자', '코뮨에서 서비스를 받으려면 먼저 복지사와 상담해야 했는데, 75세가 넘으면 상담 과정 없이 필요하다고 요청하면 바로 서비스를 제공하자.'는 공약이 있었다고 한다.

또 재미있는 것은, 스웨덴에서는 16세가 되면 합법적으로 일할 수 있는데, 청소년들이 여름방학 동안 일을 많이 하니 아르바이트를 원하는 모든 청소년에게 일거리를 주자는 공약도 있었다고 한다. 코뮨에서는 보통 공원 잔디 깎는 일을 청소년들에게 일자리로 제공하는데 일자리를 늘리기 위해 민간 업체를 만나 청소년들에게 몇 주간 일할 기회를 제공하라고 요구하거나, 노인 복지시설에도 청소년들의 일자리를 마련해 달라고 요청했다고 한다. 청소년들의 방학 아르바이트를 마련하기 위해 기업체를 만나는 지방의원의 모습을 상상하니 어쩐지 마음에 따뜻한 기운이 번졌다.

보수당은 모든 사람에게 일을 주자는 공약을 내세웠다고 한다. 일자리 제공은 중앙정부의 공약이기도 했는데 지방정부에까지 영향을 미쳤다. 실업이 워낙 심각해서 사람들이 이 공약을 매우 중요하게 생각했다고 한다. 결론적으로 후딩에 지방선거에서는 사민당의 복지 확대와 보수당의 일자리 제공이 맞붙었고, 보수당이 이겼다.

사민당을 방문했을 때도 했던 질문을 던졌다. 선거 패배를 어떻게 평가하는지, 이후 진로에 대한 고민은 무엇인지를 물었다. 에베네우스 당 비서는 쉽게 말을 꺼내지 못하다가, 계속 토론하고 있다고 했다. 사민당에서 들은 것과 같은 대답이다.

❝다음 선거 때는 사민당이 입장을 정확히 밝힐 것이다. 성장도 중요하고, 정의도 중요하다고 할 것이다. 우리의 입장을 제대로 설명해 유권자들이 정확히 파악하도록 하는 것이 중요하다고 본다. 이번 선거에서 좌파는 병든 사람과 실업자를 대표하는 당이라는 이미지로 비쳤다. 이래서는 이길 수 없다. 사민당도 모든 시민을

위한 정당임을 설명할 것이다."

이야기를 듣고 나니 사민당이 '개인주의 성향'을 가지고 있는 젊은 층의 요구를 적절히 반영하지 못한 것은 아닌지 궁금해졌다.

❝젊은 층, 고학력자, 화이트칼라라고 해서 이기적인 집단이라고 볼 수는 없다. 이들 또한 단결의 가치와 저소득층에 대한 분배에 찬성하리라고 생각한다. 사민당이 정책에 대해 제대로 설명할 필요가 있다."

사민당의 정책을 설명해 유권자를 설득해야 한다는 관점은 LO와 같다. 이런 믿음은 어디서 비롯된 것일까. 놀라운 낙관주의다. 이제 지방정부에 대한 설명을 들을 차례다.

❝스웨덴은 지방정부의 행정력이 강해 여러 활동을 수행한다. 특히 복지 분야를 중시한다. 지방정부의 업무에는 의무로 정해진 사항이 있고 자체적으로 정해서 하는 일이 있다. 문화·여가 활동, 기술 발전, 자원 배분·집행 등은 자체적으로 하는 일이고, 교육, 보육, 사회복지, 공중 보건, 건설 및 상하수도 처리, 응급 보호, 도서관 운영, 주택 임대 등은 코뮌이 의무적으로 해야 하는 일이다. 보건 의료, 치과의료, 정신보건, 교통 등은 랜에서 관리한다."

지방정부의 역할과 권한에 대해 설명하는 횤베리 의원의 표정과 말투만 봐도 이들의 자부심을 느낄 수 있었다. 주민들에게 필요한 사업을 자체적으로 결정하고 집행할 수 있는 자율성이 충분히 보장되고, 또 세제에 의해 재정이 뒷받침된다니 자랑스러워할 만하다. 지방자치란 본래 이런 것이 아닌가.

❝다른 나라에 비해 스웨덴의 지방정부에는 자체적으로 무엇을 할지를 결정할 수 있는 권리가 많이 부여되어 있다. 모든 의사 결정은 지방의회에서 내리고, 결정된 사항을 지방정부가 집행한다. 지방의회는 한 달에 한 번씩 소집되며, 이때 지방정부 행정에 적용할 원칙과 기준을 정하고 정부 재정에 대해 논의한다. 이를 바탕으로 예산을 짜고 세율을 정한다. 위원회를 구성하고, 회계감사 책임자도 선출하고, 연간 계획서를 만들며, 전년도 사업을 평가해 계속 이어갈지를 결정한다. 국가에서 거의 간섭하지 않으므로 시에서 알아서 한다. 이것이 다른 나라에 비해 특별한 것이다. 굉장히 자유롭게 시정을 펼칠 수 있다."

"각자의 자유로운 발전이 모두의 자유로운 발전을 위한 조건"이라는 말이 문득 떠올랐다. 지방정부의 자유로운 발전이야말로 스웨덴이 복지국가가 될 수 있었던 필요조건이었을지도 모르겠다. 사민당 지역위원회는 어떻게 활동하는지도 궁금했다.

46 사민당은 각 지역마다 지부가 있고, 지역 조직도 세분화되어 있다. 후딩에 코뮌만 해도 후딩에 지부가 있고, 7개 정도의 소규모 조직으로 나뉜다. 전체 당원은 6백여 명이고 각종 모임을 통해 교류한다. 보통 한 달에 한 번씩은 서로 만나는데 당원에 따라 여러 모임에 참여하기 때문에 한 달에 한 번 이상일 수도 있다. 정해진 횟수는 없다. 함께 이야기할 만한 이슈가 생기면 공개강좌를 열기도 한다."

에베네우스 당 비서의 명료한 설명을 듣고 나니, 시간이 부족해 대화를 마칠 수밖에 없어 아쉬웠다. 사민당 당원들은 만나면 무슨 이야기를 하는지, 당원 모임은 어떤 식으로 운용되는지도 무척 궁금하다. 나중에라도 기회가 된다면 소규모 당원 모임을 참관해 봐야겠다.

주

1__ 주 스웨덴 대한민국 대사관 웹사이트(http://swe.mofat.go.kr).

2__ 주 스웨덴 대한민국 대사관 웹사이트.

3__ 스웨덴 통계청 웹사이트(http://www.scb.se; 2011년 자료).

4__ "'이민자 천국' 스웨덴 '反이민' 분위기 확산"(『경향신문』 2010/09/15).

5__ "정보의 바다에 해적당 깃발이 오른다"(『한겨레21』 2010/10/08).

6__ "한국에도 해적당이 필요하다"(『미디어오늘』 2010/10).

7__ "스웨덴에 여성당이 등장한 까닭"(『여성신문』 2008/12/19).

복지국가 여행기
SWEDEN
10

현장에서 느낀 보편 복지의 품격

스웨덴에 가기로 결심한 뒤 가장 확인해 보고 싶었던 것은, 제도보다는 실제 사회복지가 이루어지는 현장이었다. 오늘 간 곳이 바로 그 현장이다. 먼저 후딩에 코뮨 지역에 있는 재가 노인 서비스 기관, 노인 복지시설을 찾았다. 안내자가 없었다면 지나쳐 버릴 만큼 겉으로 복지시설인지가 드러나지 않았고, 당연하다는 듯이 시내 한복판에 있었다. 장애인이나 노인을 대상으로 한 시설일수록 다니기 수월한 곳에 있어야 한다는 당연한 생각이 '당연하게' 구현된 곳. 한창 나이 청소년들의 근거지인 레저타임센터가 마을 제일 끝 벌판에 자리 잡고 있는 모습도 그럴듯했다.

보편 복지가 실현되는 현장을 가다 [구스타프 묄러]　●　내게 필요한 서비스를 직접 고른다 ['죽음을 기다리는 병동'에서 재가 서비스로]　●　기관에 사람을 맞추지 않고, 사람에 기관을 맞춘다　●　아이들이 이용할 수 있는 시간이 '이용 시간' ['숲 속에서 길 찾기' 수업]

보편 복지가 실현되는 현장을 가다

최근 보편적 복지가 화두가 되면서 스웨덴 사회복지에 대한 관심이 뜨거워졌다. 이를 반영하듯 스웨덴의 사회복지 제도를 소개하는 책도 여러 권 출간되어 있다(전문가들이 쓴 글의 깊이는 정말 놀랍다. 하지만 아무리 찾아도 여행기를 발견할 수는 없었기에, 이 책은 여행자의 시선을 더 많이 담고 있다. 나름 신중하게 방향 잡고 쓰는 글이다).

스웨덴의 사회복지에 대해 간단히 소개하자면, 스웨덴은 1930년대 '국민의 집'으로 비유되는 복지국가를 건설하기 위한 사회 개혁 프로그램을 추진했다. 이에 따라 "요람에서 무덤까지" 국민의 삶의 안전을 보장하는 복지 제도를 구축했다. 1891년 제정된 〈국민 건강 보호법〉을 시작으로 1901년 직업 상해보험, 1913년 보통 연금, 1931년 병가 수당을 도입했으며, 1947년 〈국민 기본 연금법〉 및 〈아동수당법〉을 제정했고, 1950년대 및 1960년대에 소득에 따른 차등 연금제 및 병가 혜택을 확대한 한편, 출산 보험, 탁아 시설, 사회 구호 제도를 도입하는 등 복지 제도가 급속히 발전했다.[1]

사민당은 장기 집권을 바탕으로 전체 국민을 대상으로 한 보편적인 사회복지 체제를 확립했고, 현재 총 국가 예산의 3분의 1가량을 사회복지비로 지출하고 있다. 복지 담당 정부 부처로는 사회복지 관련 입법 및 예산을 담당하는 보건사회부, 실업보험을 담당하는 고용부가 있다. 사회보험청과 지역 단위 사회보험사무소를 감독하는 업무를 담당하는 보건복지청이 있다는 것이 특징이다.

다양한 복지 제도에 필요한 재정을 마련하기 위해 높은 세금을 부과하고 있지만 일반 국민의 거부감은 적다. 부유층의 부담이 상대적으로 높은 누진과세 방식을 택했기 때문이다. 이를 기반으로 한 각종 보조금 제도에 따라 각 계층의 수입을 재분배함으로써 빈부 격차를 좁혀 공평한 행복권을 부여하고 있다. 1991년 심각한 경제 위기가 발생한 이후, 급여의 90퍼센트 수준이었던 실업·병가 수당을 75~80퍼센트 수준으로 축소하고, 연금보험료를 인상하고, 각종 연금 혜택을 축소한 바 있으나 2000년대 들어 경기 호황이 찾아오면서 과거의 복지 수준을 회복하고 있다.[2]

우리는 책으로 읽어도 알 수 있는 것은 굳이 확인할 필요가 없다는 데 의견 일치를 보았다. 우리가 궁금한 것은 제도가 아니라 실제 사회복지가 이루어지는 현장이었으며, 특히 우파 연합이 집권하면서 변화된 상황이었다. 후딩에 코뮨 지역의 재가在家 노인 서비스 기관, 노인 복지시설, 청소년 교육 센터를 방문하고, 장애인 기업 삼할 SAMHALL의 본사와 작업장을 방문하기로 했다.

구스타프 묄러

분배 정책을 통해 보편주의를 실현하다

사회복지 정책의 근간을 만든 대표적인 정치가로 두 사람을 꼽을 수 있다. 1920년대 '국민의 집'을 제창한 한손 총리와 당시 사회부 장관을 지낸 구스타프 묄러다. 한손이 계급 타파와 사회복지 이념을 정치 세력과 결부한 인물이라면, 묄러는 분배 정책을 통해 보편주의를 실현할 수 있게 한 공로자다.

묄러는 1924~51년에 걸쳐 네 차례나 사회부 장관을 지냈고 재무부 장관도 역임했다. 그는 당시 빈곤 돌봄의 한계를 지적하며 사회에 미치는 생산적 효과를 고려한 소득 재분배 정책안을 점진적으로 추진할 것을 당론으로 제시했다. 노인 문제를 해결하는 데만 여론이 집중된 당시에, 이미 그는 모든 구성원의 시민권이 보장되는 사회를 구상했다. 양로원 제도가 빈곤 노인층만을 대상으로 하는 협의의 선별적 복지 정책임을 지적하고, 이를 넘어서서 모든 노인이 골고루 혜택을 받을 수 있는 사회보험제도socialförsäkringsystem를 구축하자고 주장한 사람도 그였다. 그 결과 빈곤 돌봄에 의지한 노인의 비율은 1947년 16퍼센트에서 1950년 7퍼센트로 감소했다.

육아 문제가 심각한 사회문제로 부상했을 때 정부가 본격적으로 개입한 데도 묄러의 역할이 컸다. 그가 주장한 분배 정책은 1935년 기초 연금 개혁이 성공할 수 있는 이론적 배경이 되었으며, 그 결과 보편적 사회정책이 제도적으로 뿌리를 내렸다. 더 나아가 묄러의 주장은, 가족 정책과 주택정책 개혁 등을 통해, 국가가 시민의 기본 생활을 보장할 의무를 규정했고, 시민들이 쾌적한 생활을 누릴 권리에 대한 국가 책임의 범주를 확대했다. 묄러의 재분배 이론은 선별적 '빈곤 돌봄'에서 보편적 '사회 돌봄'으로 정책 방향을 돌린 동시에 빈부 격차를 줄여 복지국가의 실질적 성과를 가져온 성공 사례가 되었다.

_『복지국가 스웨덴』, 124~125쪽 참조.

내게 필요한 서비스를 직접 고른다

제일 먼저 찾아간 재가 노인 서비스 기관은 후딩에 역에서 멀지 않았다. 작은 건물의 반지하에 위치한 사무실은 포근했다. 잠깐 이동하는 와중에 꽁꽁 얼어붙은 몸은, 따뜻한 와인 주스와 달콤한 쿠키와 함께 녹았다. 마음도 풀어진다.

서비스 대상자의 집으로 서비스 제공자를 파견하는 기관이라 상주하는 직원은 많지 않았는데 사무실 안의 꽤 넓은 방 한 칸을 직원 전용 쉼터로 사용하고 있었다. 그냥 지나칠 수도 있는데 우리 눈에는 꼭 이런 것이 띈다. 직원 휴게실에는 안락의자와 음악을 들을 수 있는 오디오 시스템이 갖춰져 있었다. 노동자들이 일하다가 쉬고 싶을 때는 언제든 들어와 쉴 수 있는 공간을 마련했다고 한다. 이런 부분에 적잖이 감동했다. 노동자 중심주의가 일상에서 드러나고 있었다. 서비스 제공자의 몸과 마음이 최상일 때 최상의 서비스를 제공할 수 있다는 것은 너무나 당연하다.

노동 착취가 이윤을 극대화하는 수단이 되는 기업 환경에서 노동자의 휴식 따위는 애초에 고려 대상이 아닐 것이다. 특히 우리나라의 사회 서비스 노동자들은 저임금 노동시장에서도 더 낮은 곳에 자리매김 되어 있다. 사회 서비스가 전적으로 민간에 의존해 도입·확장되면서 발생한 폐해다.

후딩에는 4구역으로 나뉘며 구역마다 재가 서비스 기관이 하나씩 있다. 후딩에 전체적으로는 재가 노인 서비스를 제공하는 노동자 1백 명 정도가 고정적으로 일한다. 일하는 시간은 저마다 다르다. 하루 여덟 시간으로 정해진 노동시간을 꽉 채워 일하는 사람은 거의 없고 각자 원하는 시간만큼 일한다. 우리가 방문했던 곳은 후딩에 지역에서 가장 큰 기관으로 약 3백 명의 노인들에게 서비스를 제공하고 있었다.

스웨덴도 전체 인구의 5분의 1가량이 노령층이며 점점 증가하는 추세다. 노인복지에 할당되는 정부 예산은 2008년 기준 GDP의 약 16퍼센트를 차지하고 있다. 노령층의 수입은 연금이 85퍼센트를 차지하고, 나머지는 기타 연금보험과 자산 수익으로 구성된다. 연금제도 및 연금 수혜자에 대한 세금 감면 정책을 비롯해 주택 지원, 무료 간병인 제도, 노인 복지시설 운영 등 다양한 복지 혜택도 부여된다. 거주 지역 의사와 간호사가 노인을 위한 보건 상담을 하고 있으며, 지방정부는 노인 환자의 병동 입원비를 부담한다.[3]

스웨덴에는 〈사회 서비스 법〉이 있다. 이 법에는, 개인은 일정 수준의 생활을 유지할 권리가 있다고 규정되어 있다. 65세가 되었다고 해서 자동적으로 모든 서비스를 받는 것은 아니다. 노인들이 필요할 경우 코뮨에 연락하면 사회복지과에서 나와 당사자와 대화를 나눈다. 필요한 서비스가 무엇인지를 이야기하면, 사회복지과에서 필요성을 논의한 뒤 결정을 내린다. 제공하기로 결정된 즉시 시행됨은 물론이다.

서비스는 1단계에서 5단계로 나뉘는데, 1단계는 청소·세탁 등 기본적인 서비스를 일주일에 한 번 정도 제공하는 것이고, 5단계는 거동이 불편해 온종일 돌봄이 필요한 경우에 제공하는 서비스다. 어떤 내용의 서비스가 제공될지를 결정할 때는 해당 노인이 어떤 서비스를 필요로

'죽음을 기다리는 병동'에서 재가 서비스로

양로원에 머무는 대신, 집에서 받는 돌봄 서비스

초기 양로원은 경제적 생활수준이 몹시 낮고 친인척 연고가 거의 없는 독거노인을 대상으로 재정을 지원하며 수발을 제공했다. 그리고 노인 아파트는 노인 중심의 편의 시설까지 갖춘 동시에 이들의 사생활을 보장하면서 공동체형 주거 공간으로 자리매김했다. 두 형태의 시설 모두 1970년대까지 양적·질적으로 꾸준히 발전해 왔다.

중앙정부의 사회서비스위원회Socialvårdskommittén에서 또 다른 형태의 노인 수발 프로그램으로 '재가 복지'에 대한 원론적 논의를 시작한 것은 1942년이었다. 그리고 1950년대 보건사회부 장관 군나르 스트렝Gunnar Sträng은 이를 노인만이 아닌, 도움이 필요한 모든 가정에 적용하는 포괄적 재가 복지 지원책으로 확대했다.

1965년에서 1975년까지 노인 인구는 약 4배로 증가했고 동시에 재가 서비스를 받는 노인은 전체 노인의 15퍼센트에서 23퍼센트로 증가했다. 게다가 다양한 형태의 양로원을 포함한 노인 센터와 서비스형 아파트 등은 물론이고, 란드스팅에서 운영하는 종합병원의 노인 병동과 소규모의 노인 전문 병원 또한 증가했다.

하는지가 가장 중시된다.

스웨덴의 노인복지를 언급할 때 빼놓을 수 없는 것이 1992년부터 시행된 에델 개혁이다.⁴ 에델 개혁으로 두 가지 프로그램이 새롭게 도입되었다. 하나는 개인 중심의 종합 프로그램 방식이다. 통합 재가 서비스 내용을 더욱 과학화·개인화한 것으로, 노인들의 하루 일과를 보살피는 프로그램이다. 다른 하나는 새로운 방식으로 운영되는 데이케

에델 개혁의 영향

고령 인구가 증가할수록 의료 비용이 급증했고, 또한 노인 돌봄 시설이 '죽음을 기다리는 병동'이라고 불리면서, 비인도적인 처우가 사회문제로 부각되기도 했다. 이런 문제를 개선하기 위해 1992년 에델 개혁이 도입되었다.

에델 개혁은 노인들이 자택에서 평상시처럼 생활할 수 있도록 청소, 빨래, 식사 보조 등의 사회 서비스 프로그램과 건강관리·의료 서비스를 통합해, 코뮌과 란드스팅이 지역 단위별 환자를 중심으로 한 통합 서비스를 운영하는 것을 내용으로 한다. 전처럼 노인의 질병 치료와 수발 서비스를 구분하지 않고 일원 서비스 체제로 전환했으며, 종합적인 책임을 코뮌이 단독으로 지는 것이다.

그 결과 스톡홀름에 거주하는 65세 이상 노인들이 사망하기 전 1년 동안 종합병원에 입원해 있던 기간이 대폭 감소했다. 에델 개혁 이전(1989년)과 이후(1993년)의 입원 일수는 평균 95일에서 53일로 절반 가까이 줄었다. 에델 개혁 이전 종합병원에 의뢰된 노인 환자 가운데 재가 의료 서비스로 전환한 환자는 약 21퍼센트다. 에델 개혁은 노인들이 자신의 생활 터전을 떠나지 않고도 돌봄 서비스를 받을 수 있게 함으로써 존엄을 지키는 데 기여했다고 평가된다.

『복지국가 스웨덴』, 122~124, 128, 235쪽 참조.

어 센터다. 자신의 집에 거주하는 노인들이 모여 식사와 커피를 함께 즐기고 가벼운 진료와 치료, 문화 활동 등의 일상을 누리게 하는 방식이다. 이는 고령 노인들의 심리적 안정을 위해 각자 살던 곳을 벗어나지 않고도 서비스를 제공받게 한 것이다. 의료 서비스와 사회 서비스가 하나로 통합되어 있다. '제공하는 기관'보다 '제공받는 사람'의 편의를 중시한 인본주의가 드러난다.

재가 노인 서비스 기관의 직원 휴게실에는 안락의자와 음악을 들을 수 있는
오디오 시스템이 갖춰져 있었다. 노동자들이 일하다가 쉬고 싶을 때는
언제든 들어와 쉴 수 있는 공간을 마련했다고 한다.

기관에 사람을 맞추지 않고, 사람에 기관을 맞춘다

재가 서비스 기관에 이어 방문한 곳은 노인 복지시설 세달렌스 엘드레보엔데(Sjödalens Äldreboende다. 동네 바로 옆에 있었다. 상가들 사이에 자리 잡은 특별할 것 없는 건물이어서, 안내받지 않았다면 스웨덴어를 모르는 우리는 그냥 지나칠 법했다. 겉으로는 노인 복지시설인지가 드러나지 않았다. 스웨덴에서 이런 경험을 종종했다. 주치의 제도가 시행되고 있어 거주 지역 주변에 의원이 있다는데(아파트 단지의 경우 아파트 중 어느 한 세대가 의사의 집이자 병원이라고 한다) 간판이 눈에 띄지 않으니 우리 같은 이방인은 병원이 어디 있는지 도통 알 수가 없었다. 스톡홀름 시내에서 작은 치과 간판을 하나 발견하고 반가운 마음에 사진을 찍었을 정도다.

얼마 전 장애인 자립 생활 센터에서 일하는 후배가 하소연한 적이 있다. 사무실 계약 기간이 끝나 이사해야 하는데 상가 주인들이 장애인 시설이라고 입주를 기피하는 바람에 공간을 구하지 못해 애먹고 있다는 것이었다. 2007년에 〈장애인차별금지 및 권리구제 등에 관한 법률〉이 제정되었지만 일상에서는 장애인 관련 시설이라는 이유로 입주를 거부당하는 상황이 여전히 벌어지고 있다. 장애인·노인 복지시설은 가장 접근성이 좋은 곳에 위치하는 것이 당연하지 않은가. 아무리 생각해도 당연한 일이 왜 현실에서는 '당연히' 이루어지지 않는지 이해할 수 없다.

세달렌스 엘드레보엔데에는 96명이 생활하고 있는데 이 중 86명이

셰달렌스 엘드레보엔데는 동네 바로 옆에 있었다.
안내받지 않았다면 스웨덴어를 모르는 우리는 그냥 지나칠 법했다.
겉으로는 노인 복지시설인지가 잘 드러나지 않았다.

매일매일 도움이 필요한 사람들이다. 방마다 호출 벨이 달려 있어서 도움이 필요할 때마다 누르면 된다고 한다. 이곳은 아파서 도움이 필요하거나 간호가 필요한 사람들이 생활하는 서비스 시설이다. 또한 이용 시설이라고 할 수 있는 시니어 센터도 있었다. 치매로 고생하지 않는 한, 노인들은 다른 곳으로 가는 것을 선호하지 않고 동네에서 모든 것을 해결하기를 원한다고 한다. 기관에서도 증세에 따라 사람을 옮기는 것을 피하려 하기 때문에 이처럼 한 기관에 다양한 사람들이 섞이게 된 것이다. 기관에 사람을 맞추는 것이 아니라, 사람에 기관을 맞추는 것이 추세라고 한다(이런 추세는 널리 유행했으면 좋겠다).

이 시설에는 정규직 노동자 55명과 시간제 노동자 25명 등 모두 80명이 일하고 있다. 전적으로 사람들의 필요에 따라서, 얼마나 많은 요구가 있느냐에 따라 인원이 배치된다. 임금수준을 구체적으로 물었다. 시설장은 정부 관계자의 눈치를 살짝 살피더니 서비스 분야의 임금이 낮은 편이라면서 머뭇거리며 대답했다. 보통 1만7,500~2만3천 크로나(약 290만~380만 원)를 받는다고 한다. 스웨덴에서 우리가 지불한 통역비에 비하면 매우 낮은 수준이고, 우리나라 사회 서비스 분야의 임금에 비하면 두말할 나위 없이 고소득이다.

이 시설에 지원되는 예산을 이용자 인원으로 나누어 1인당 예산을 계상해 보면 1인당 하루 1,517크로나(약 25만 원)쯤 된다. 재원은 전적으로 세금에서 충당된다. 모든 것은 지방세로 운영된다. 지방세로 운영하다가 부족분이 발생하면 국고에서 지원하게 되어 있지만 이는 매우 드문 일이라고 한다. 예산이 모자라면 일차적으로 다른

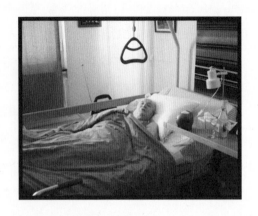

매일 도움이 필요한 사람들의 방에는 호출 벨이 달려 있어서 도움이 필요할 때마다 누르면 된다(위).
이용 시설인 시니어 센터도 있었다(아래).

사회복지 예산, 예컨대 아동복지 예산을 조정해 사용하고, 그래도 부족하면 중앙정부에 요청하고, 장기적으로 부족한 상황이 계속되면 세금을 더 걷어서 해결할 것이라고 했다. 하지만 설명을 듣고 있노라니, 이런 상황이 벌어진다고 가정했을 때 대처 방안을 이론적으로 말했을 뿐이지, 자주 벌어지는 일이 아닌 듯했다. 수요를 정확히 예측한다면 예산이 크게 모자라는 일은 생겨나지 않을 것이다. '예산의 범위 안에서' 서비스를 제공하는 우리 상황과 차이가 있다.

솔직히 말해 노인 복지시설의 외관이 매우 훌륭하다고는 할 수 없다. 꽤 오래된 건물이었고, 현대적인 편의 시설이 갖추어져 있지도 않았다. 다만, 편안해 보였다. 거동이 어려워 침대에 누워 있는 사람도 우리에게 환한 웃음을 보이며 농담을 건넸다. 왜 그렇게 느꼈냐고 따져 묻는다면 근거를 댈 수는 없지만, 암튼 더없이 편안해 보였다. 서양의 노인들은 자식들이 찾아오지 않아 쓸쓸한 노년을 보낼 것이라는, 말도 안 되는 편견이 있었다. 이들의 편안한 노후를 보면서, 사회가 노인 복지를 책임진다면 가족 관계가 파탄 날 일도 없겠다는 생각이 들었다. 물론 '가족 관계'가 반드시 유지되어야 하는 것은 아니지만, '돈' 때문에 가족 관계가 무너지는 것을 지켜본다는 것 또한 가슴 아픈 일이 아닌가.

아이들이 이용할 수 있는 시간이 '이용 시간'

노년층이 이용하는 시설을 방문했으니 이번에는 '젊은 피' 차례다. 후딩에 청소년 교육기관 레저타임센터leisure-time center에 갔다. 레저타임센터는 노인 시설을 나와 걸어갈 만한 거리에 있기는 했으나, 시청을 지나 마을 제일 끝에 벌판으로 이어지는 곳에 자리하고 있었다. 자신들만의 문화와 공간을 원하고, 스스로 비주류이고자 하는 청소년기의 특성을 반영한 것인가 싶기도 했지만, 그보다는 역학 관계가 작용해서가 아닐까 싶다. 아무래도 청소년에게 공간을 선택할 자유까지는 없을 테니까. "마을 끝으로 가."라고 하면 가야 하는 것 아니겠는가(사실 노인 복지시설 바로 옆에 청소년 레저타임센터가 있으면 서로 불편할 것이 뻔하기도 하고).

후딩에 지역에는 모두 7개의 레저타임센터가 있으며 이 가운데 4개는 음악 특화 기관이라고 한다. 우리가 방문한 레저타임센터가 그랬다. 34개의 청소년 음악 밴드가 활동하고 있었고, 13~18세 청소년 150명이 이용 중이었다. 콘서트를 열면 최대 4백 명까지 관람할 수 있다고 한다. 직원은 정규직이 5명이고, 필요한 경우 야간에 시간제 노동자를 고용한다. 이들은 '시간제 노동자가 필요한 경우'에 시간제 노동자를 고용한다고 말했다. 아, 이것도 당연하다. 우리의 문제는 '정규직이 필요한 경우'에도 비정규직을 고용한다는 것 아닌가.

레저타임센터의 시설을 이용할 수 있는 시간은 월요일부터 목요일은 17~22시, 금요일은 17~24시다. 주말은 공식적으로 휴무이지만 밴드 연습을 위해 일부 시설을 이용할 수 있게 한다. 이용 시간을

'숲 속에서 길 찾기' 수업

생존 기술을 알려 주는 교과과정

스웨덴에는 호수와 숲이 많다. 호수가 약 1만 개나 되니 물에 빠질 위험도 그만큼 크다. 그래서 수영은 필수과목이다. 유치원 때부터 훈련해 초급 단계에서는 50미터 이상을 헤엄칠 수 있어야 하며, 고학년이 되면 '옷 입고 수영하기'도 필수 과정이다. 높은 바위 위에서 옷을 입은 채 다이빙을 하고 수영해 뭍으로 나오는 연습도 한다. 또한 깊은 숲 속에서 길을 찾는 체육 종목도 만들어졌다. 하나같이 모든 학교에서 의무적으로 개설된 교과과정이다.

_『복지국가 스웨덴』, 221쪽 참조.

들으며 감동의 눈물을 흘릴 뻔했다. 아이들이 이용할 수 있는 시간이 '이용 시간'이어야 한다.

시설은 말할 수 없이 훌륭했다. 젊은 시절 밴드를 꿈꿨다는 일행 중 한 명은 무대에 서서 기타를 잡아 보는 것만으로도 감개무량해했다. 자신의 청소년기에도 이런 시설이 동네에 있었다면 꿈을 펼쳤을지도 모르겠다고 말하는 이도 있었다. 웬만한 소극장보다 규모가 큰 콘서트 홀, 믹싱 스튜디오, 오디오 레코딩 스튜디오, 개인 연습실(밴드마다 할당되어 개인 또는 밴드가 자신의 악기를 배치할 수 있다)뿐만 아니라 댄싱 홀과 실내 암벽 등반 시설도 있었다. 레저타임센터 이용료는 무료이고, 개인 연습실을 쓰는 경우에만 밴드당 주 1회 5시간을 이용하는 것을 기준으로 월 350크로나(약 6만 원)를 낸다.

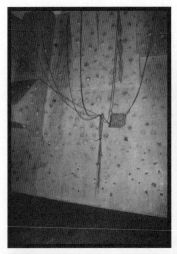

레저타임센터의 시설은 말할 수 없이 훌륭했다.
웬만한 소극장보다 규모가 큰 콘서트홀, 믹싱 스튜디오, 오디오 레코딩 스튜디오,
개인 연습실뿐만 아니라 댄싱 홀과 실내 암벽 등반 시설도 있었다.

우리나라 청소년 수련관의 시설도 훌륭하지만 청소년 수련관에 가본 적도 없는 청소년이 대다수다. 교육정책이 바뀌지 않는 한 아무리 좋은 시설이 갖춰진들 청소년들에게 무슨 소용이 있겠는가.

레저타임센터는 학교나 복지시설과 직접적인 관련이 없는 곳이다. 프로그램도 청소년들의 수요를 고려해 시설 직원들이 직접 짠다. 시설장과 일하는 사람들의 풍모만 봐도 학교나 관공서와 직접 관련이 없다는 사실을 직감할 수 있었다. 이들은 예술가처럼 보이기도, 사회교육가처럼 보이기도 했다. 평등 정신에 입각해 누구나 이용할 수 있도록 하는 것이 가장 중요하다면서, 저소득층이나 이민자 가정의 아이들이 더 많이 사용할 수 있는 시설로 만들 방안을 모색하고 있단다. 박수를 칠 뻔했다.

주

1_ 주 스웨덴 대한민국 대사관 웹사이트(http://swe.mofat.go.kr).

2_ 주 스웨덴 대한민국 대사관 웹사이트.

3_ 주 스웨덴 대한민국 대사관 웹사이트.

4_ 『복지국가 스웨덴』, 129쪽.

참고

후딩에 코뮨 레저타임센터 웹사이트(http://www.husethuddinge.se).

세계적인 장애인 기업, 삼할

스웨덴의 장애인이 얼마나 되는지 정확히 파악할 길은 없다. 격년으로 통계 조사를 실시한다고는 해도, 이조차 장애 유무를 따지기보다는 장애가 일을 하는 데 얼마나 영향을 미치는지를 확인하는 것이 목적이라고 한다. 이처럼 장애를 특별한 상태라고 규정하지 않는 사회이기에 삼할이 존재할 수 있는지도 모른다. 삼할은 철저하게 장애인 중심으로 운영되는 국영기업이다. 삼할 본사와 작업장을 찾아가 보고 들었다. 장애가 있는 '개인'에 초점을 맞추는 대신에 그를 둘러싼 환경과 조건을 개선하려 애쓰는 사회의 단면은, 장애와 무관하게 최저임금을 보장받는 임금체계는 물론 세탁물을 담는 바구니에서도 엿보였다.

● 장애인 수를 가늠할 수 없는 사회 [장애 아동 돌봄 수당]　● 일이 없다고 해고하지 않는 기업　● 장애인 정책에 담긴 보편주의　● 작업장은 보호하고, 시장에선 경쟁한다

장 애 인 수 를 가 늠 할 수 없 는 사 회

삼할은 장애인에게 일자리를 마련할 목적으로 설립된 국영기업이다. 장애를 가진 사람들이 노동을 통해 자아 발전을 도모하는 것을 목표로 내건다. 삼할의 소유자인 스웨덴 정부가 총체적인 책임을 지며 민간에 의한 주식회사 형태로 운영된다. 경영 방식은 자율적으로 수립하되, 국가가 제시한 요구 사항을 매년 이행해야 한다. 반드시 일정 수의 장애인을 고용할 것, 고용 인원 가운데 일정 비율의 훈련된 장애인을 일반 노동시장에 진출시킬 것, 중증 장애인(정신적 장애, 복합 장애 포함)이 40퍼센트 이상일 것, 회사의 재정 균형을 이룰 것 등을 요구한다. 이게 달성하기 쉬운 요구인지 아닌지는 잘 모르겠지만, 상당히 합리적인 요구인 듯하다.

삼할은 2006년 44퍼센트의 중증 장애인을 고용했고, 일반 노동시장 전환율이 5.25퍼센트였으며, 순 매출액이 72억1,800만 크로나(약 1조1,900억 원)에 달했다. 이 정도면 대한민국 1백 대 기업 안에 들어갈 수 있다. 침 한 번 꿀꺽 삼키고, 짧은 한숨 뱉어내고 글을 이어가야겠다.

직원은 2만여 명에 달하며 자회사 250개가 전국적으로 분포되어 있다. 특히 삼할은 저밀도 인구 지역에서 더 많은 활동을 하고 있다. 북부 지방에는 광산업·임업이 주를 이루었는데 이런 산업이 점점 어려워지는 상황에서 장애가 있으면 직업을 얻기가 더 힘들기 때문에, 이 지역에서 더욱 활발한 활동을 펼친다고 한다.

스웨덴에서는 격년으로 통계조사를 한다. 장애가 있어 일을 제대로 할 수 있는지 없는지를 물어보고 사실 여부를 확인한다. 좀 더 정확히 말하자면, 1994년 이래 '장애인'handikappad이라는 말을 사용하지 않는다고 한다. 그 대신 '기능적 손상을 입은 사람' 혹은 '기능이 저하된 사람'funktionshindrad이라고 표현한다. 장애 여부를 기계적으로 구분하지 않고 있으니 장애인이 얼마나 된다고 말하는 것도 우습다. 조사 기관 및 보고서에 따라 스웨덴의 장애인 숫자가 다른 이유가 여기에 있다.

다음 통계는 삼할 측에서 제공한 자료에 근거한 것이다. 스웨덴 전체 인구의 15.5퍼센트가 넓은 의미에서 장애가 있다. 전체 인구의 8.8퍼센트는 장애로 인해 일할 능력이 감소했다고 판단되는 사람들이다. 중증 장애인을 8퍼센트로 추정한 바 있는 1998년 스웨덴 정부 통계의 수치와 유사한 것으로 봤을 때, 중증 장애인에 대한 추정치인 듯하다 (장애인 개념을 사용하지 않으니 이런 데서 혼란스럽다. 이런 혼란을 감수하면서까지 기본적 가치에 충실하고자 하는 이들의 자세가 놀랍다). 스웨덴 장애인의 장애 유형별 비율은 정신장애 15퍼센트, 지적 장애 20퍼센트, 알코올의존증·마약중독 7퍼센트, 신체장애 34퍼센트, 신체의 내부 장애(신장·심장·간장 등의 기관 장애와 HIV 감염 장애 등) 18퍼센트, 기타 6퍼센트 등이다.

장애 아동 돌봄 수당

장애 아동 돌봄은 개인이 아닌 사회의 몫

장애 아동이나 장기 질병을 앓고 있는 아동을 돌보는 부모나 동일한 역할을 하는 이들은 돌봄 수당을 받는다. 6개월 넘게 특별한 돌봄이 요구되는 아동이 대상이며, 갓난아이부터 19세(가 되는 해의 6월)까지의 자녀를 가진 부모가 신청할 수 있다. 장애 아동 돌봄 수당은 부모가 제공하는 노동에 대한 대가이자, 장애 탓에 발생한 비용을 보상한다는 의미를 지닌다. 따라서 수당은 전일제 혹은 (전일 기준으로) 3/4, 2/4, 1/4 시간제의 노동일에 대한 수당과 부가 비용을 합한 것이 된다. 장애 정도가 심해 전일 보호가 필요할 경우에 전일 수당은 월 8,542크로나(약 141만 원, 2008년 기준)였으며 이에 필요한 보조 물품에 관한 비용은 별도로 지불된다.

교육을 받을 기회도 온전히 보장된다. 스웨덴의 〈교육법〉은 거주지나 장애 종류와 상관없이 모든 아동에게 동등한 질의 교육을 제공해야 하고, 학교생활에서 특별한 도움을 필요로 하는 학생들에게 반드시 그 도움을 제공할 것을 명시하고 있다. 현재 스웨덴 장애인의 교육 성과는 흥미 있는 결과를 보여 준다. 중학교까지의 의무교육 이후 고등학교 진학률은 장애를 가진 학생이 그렇지 않은 학생보다 약간 높다. 대학 진학률은 아직 낮은 편이나 이 또한 증가하는 추세다.

_『복지국가 스웨덴』 173~174쪽 참조.

장애 분류도 매우 포괄적이어서 이런 분류가 큰 의미가 있는 것은 아니다. 알레르기, 천식이나 읽기·쓰기 장애도 장애로 분류하는 것은 물론 장애 원인이 선천적이든 후천적이든, 노령에 의한 것이든 상관하지 않는다. 장애가 있는 '개인'에 초점을 맞춘 것이 아니라, 그를 둘러싼 환경과 조건을 개선하는 데 중점을 두고 있기 때문이다.

2000년대 장애인 정책의 목표는 '완전한 참여'와 '완전한 평등'이라고 한다. 따라서 일터, 어린이집, 초등학교부터 대학교까지, 쇼핑몰과 주택에 이르기까지 어디에서나 차별받지 않고 동등한 기회와 권리를 보장하려 노력한다. 노동인구 중 75~80퍼센트가 일하고 있는데, 장애가 있는 사람 가운데 일하는 이의 비율은 50퍼센트가량이라고 한다. 스웨덴도 비장애인에 비해 장애인 고용률이 떨어지는 것은 사실이다.

스웨덴에서는 장애 여부와 상관없이 누구나 국영 직업 알선소에 가서 직업을 찾는다. 우선 직업 알선소의 여러 가지 직업 중에 적합한 일이 있는지 찾아본다. 직업 알선소에서 직업만 소개하는 것이 아니라 그 사람의 상황에 맞는 교육이나 연수 프로그램도 골라 준다. 장애인이 아니더라도 선택해서 받을 수 있는 프로그램이다.

여러 가지 교육제도와 관련된 장치가 있지만 장애인은 아무래도 비장애인과 직접적으로 경쟁하기가 어려울 수 있다. 그래서 직업 알선소에서 이런저런 조치를 취한다. 삼할에서 일하라는 것 또한 여러 방법 가운데 하나다. 삼할에서 직접 직원을 구하거나 장애인이 삼할에 직접 채용을 요청하지 않는다. 직업 알선소에 등록하고 상담한 뒤 직업 알선소에서 삼할로 가라고 결정하면 비로소 삼할에서 그 사람을 채용하는 것이다.

정부에서 삼할을 만들었고, 직업 알선소에서 보내온 사람들이 일하지만, 그들이 무슨 일을 할지를 찾아내는 역할은 삼할에 있다. 그래서 수요가 있을 만한 사업 아이템이 무엇인지에 대해 늘 고민한다. 그런 과정을 통해 삼할에서 직접 운영하는 372개 작업장은 시장경제로부터 보호된다고 할 수 있다.

일 이 없 다 고 해 고 하 지 않 는 기 업

삼할은 다른 회사처럼 일이 없다고 해고하지 않는다. 계속해서 할 수 있는 다른 일을 찾아 준다. 앞서 말했듯이, 적어도 5퍼센트의 직원들이 정규 노동시장에 진출하도록 하는 것도 삼할에 부여된 목표다. 동기를 부여해서 다른 직업도 해보도록 격려하고, 다른 기업에서 인턴으로 일하게 하기도 한다. 한 명씩 따로 보내는 것이 아니라 대여섯 명씩 그룹을 지어 장기간 파견한다. 그래야 적응하기가 쉽기 때문이다. 정규 노동시장에 갔더라도 1년 내에 못하겠다고 의사를 밝히면 돌아올 수 있다. 이들은 파견된 기간에도 삼할에 속한 직원이므로 기업체에서 일할 때 어려움은 없는지, 업무는 잘 익히고 있는지에 대해 삼할이 책임지고 관리한다.

삼할은 철저하게 장애인 중심으로 운영된다. 정부는 장애인을 고용하라며 기업에 임금을 보전해 준다. 국가에서 임금의 일부를 지급하기에, 장애인들은 공기업과 사기업 중 어떤 기업에든 취업할 수 있다. 보조율에는 약간의 차이가 있다. 이렇게 취직한 사람들은 다른 비장애인과 비교해도 임금과 처우 등 모든 것이 동일하다.

장애인과 비장애인 간 업무 능력의 격차가 발생할 수 있어 정부에서

철저하게 장애인 중심으로 운영되는
국영기업 삼할에서 알므 위원을 만났다.
삼할은 다른 회사처럼 일이 없다고 해고하지 않는다.
장애인들이 계속해서 할 수 있는 다른 일을 찾아 준다.

일종의 보상 차원의 보조금을 지급하는 것이다. 평균 지원액은 임금의 60퍼센트 정도 되는데 경우에 따라 비중이 더 높을 수도 있다. 이 사람들이 받는 최고 임금을 1만6,700크로나(약 280만 원)로 정하고 이를 기준으로 60퍼센트를 지원하는 것이다. 고임금자라고 해서 더 많은 혜택이 있는 것은 아니다. 지원금의 규모는 매년 점검해서 정하는데 최장 4년까지 지원한다. 기간을 정한 것은 이 기간 내에 업무를 익혀 비장애인 노동자들과 업무 능력에서 차이가 없게 하기 위한 것이다.

보통 창고를 관리하거나 배달·조립 등의 일을 하는데, 컴퓨터 잉크를 채우는 회사에서도 일하고, 슈퍼에서 파는 각종 향료를 포장하는 회사에서도 일한다. 볼보의 경우 화물차 회사에서 백미러나 각종 전선 등을 포장해 다른 공장에 보내는 일을 한다. 요즘은 청소 업종의 비중이 커서 이 분야에만 7천여 명이 일하고 있다. 삼할이 소유한 50여 개의 제조업 공장에서는 기계 엔지니어링, 전기 엔지니어링, 전자 및 공학 기기와 축전기 제조, 표면처리, 조립, 포장 등 다양한 분야를 취급한다. 생산과 개발 및 물류 처리 과정에서 특수한 맞춤형 상품을 해당 업체에 납품하며 그 외 의료기기, 이동 통신, 자동화 가구 등 새로운 시장에도 진출하고 있다.[1] 각종 산업 분야를 두루 포괄하고 있으며 시대에 맞게 업종도 변화한다.

장애인 정책에 담긴 보편주의

렐프 알므Leif Alm 위원에게 한국에서 '뜨거운 감자'인 장애인 등급제에 대해 질문했다.

> **❝** 스웨덴에서는 사회보험국의 의사들이 판정하긴 하는데 [장애 등급 대신에] 일하는 능력이 50퍼센트냐 70퍼센트냐를 따지는 식으로 정한다. 장애 등급을 정하려면 비교가 될 단일한 기준이 있어야겠지만 스웨덴에는 그런 것이 없다. 직업과 작업 환경에 따라서 장애인일지라도 요구되는 일을 온전히 수행할 수 있다. 신체 장애가 있더라도 컴퓨터 작업은 완벽히 할 수도 있는 것 아닌가. 그러니 몇 등급이라고 정확히 정하기는 어렵다."

개별적 특성을 고려해 판정하고 있기에 명확한 기준을 정하기가 어렵다는 말이었다. 선별적 복지 정책을 시행했을 때는 대상자가 아닌 사람을 '골라내야' 하므로 객관적인 기준을 엄격하게 적용할 수밖에 없다. 우리나라의 장애인 등급제는 선별적 복지 제도의 행정 편의를 위해 마련된 것이다. 장애 등급이 낮아지면 제공받는 복지 서비스도 줄어들기 때문에 내가 '중증' 장애임을 인정받기 위해 노력해야 한다.

우리나라의 그 얼마 되지 않는 복지 혜택을 누리려면 '내가 얼마나 가난한지', '내 장애가 얼마나 중증인지', '내가 얼마나 학대를 당했는지', '내가 얼마나 일할 능력이 없는지'를 증명해야 한다. 인간의 자존감을 바닥에 떨어뜨리는 이런 방식들은 '안 받고 만다.'는 결심을 이끄는 데 탁월한 효과가 있다. 이런 것을 제대로 된 복지 제도라고 할 수 있을까. 결국 보편적 복지가 해답이다.

스웨덴의 장애인 정책에 담긴 보편주의는 법률에서도 드러난다. 우리나라처럼 별도의 법률이 있는 것이 아니라, 장애를 입은 사람에 대한 지원을 다룬 〈사회 서비스법〉을 비롯해 〈보건의료법〉이나 〈교육법〉 등에서 포괄적으로 규정하고 있다. 특히 〈사회 서비스법〉은 장애인을 포함해 모든 시민을 대상으로 한 보편적 돌봄 정책을 담고 있다. 물론 중증 장애인에게는 '모든 시민'보다 특별한 지원이 필요하다. 이를 위해 보조적 지원책과 광범위한 프로그램을 담고 있는 〈장애인 서비스법〉이 별도로 제정되어 있다. 이 법은 장애인 당사자가 조력을 받을 '권리'를 행사할 수 있음을 분명히 했다는 점에서 가히 혁명적이다. 이 나라의 혁명은 이렇게 이루어지고 있었다. 2000년 스웨덴 보건사회부는 장애인 정책의 비전을 다음과 같이 제시했다.

"나는 모든 사람이 드나드는 문을 함께 사용한다. 나는 특별한 문을 통하거나 우회해 갈 필요가 없다. 좋아하는 사람이 보고 싶으면 언제든 갈 수 있다. 지원 차량이 그 시각을 결정하지 않는다. 혼자서 버스를 이용할 수 있으며 정류장 알림 소리를 듣고 스스로 판단해 하차한다."[2]

장애인 중심의 장애인 정책이다. 장애인과 비장애인의 구분 없이 동등한 삶을 누릴 수 있도록 국가와 사회가 보장한다. 우리라고 못할 것이 뭐 있으랴. 우리도 이런 나라 만들 수 있다. 아무렴, 할 수 있고말고.

작업장은 보호하고, 시장에선 경쟁한다

본사 방문에 이어 작업장을 찾았다. 은빛 머리가 매력적인, 작업장 총책임자 마가레타 요한손Margareta Johansson은 은퇴한 교사였다. 삼할에 소속된 장애인 세탁물 공동 작업장은 스톡홀름 시 외곽에 위치해 있었는데, 지하철역에서는 상당히 떨어져 있었다. 그동안 찾아간 곳 중에서 가장 많이 걸었다. 장애인의 출퇴근 동선을 고려한 위치는 결코 아니었다(앞서 말한 원칙하고 좀 다르잖아).

혹시 장애인의 출퇴근을 돕는 서비스가 있는지 물었다. 예전에는 작업장이 스톡홀름 남쪽에 있었는데 최근 그 작업장이 없어지면서 그곳의 장애인들이 현재 작업장이 있는 알칼라Akalla로 한 시간 정도 걸려 출퇴근하고 있으며, 코뮨이 지원해 장애인 콜택시를 타고 출퇴근하는 일부를 제외하면 대부분 대중교통을 이용하고 있다고 한다. 노인 시설이 동네 인근에 있는 것에 비해 장애인 작업장이 상대적으로 소홀하게 취급되는 것 아닌가 싶었다.

작업환경과 작업 도구들은 장애 특성을 고려해 고안되었다. 알칼라 세탁물 작업장에는 장애인 50명이 일하고 있었는데 지적 장애가 있는 사람이 25~30명쯤 되었다. 이곳은 장애를 치료하기 위한 곳이 아니라 '노동'할 수 있도록 돕는 작업장이라 장애 특성과 노동의 특성을 연계해 업무를 분장하고 있다고 한다. 세탁의 전 과정을 분류한 뒤 세탁이나 다림질처럼 작업이 쉬운 단위로 하나하나 나눈다. 보통 1인당 1개의 작업(노동)을 진행하고 있었다.

세탁물을 담는 바구니의 무게는 짐을 실었을 때 2킬로그램을 넘지 않게 했으며, 이 정도의 무게나마 신체에 무리가 가지 않게끔 바퀴를 달아 놓았다. 의자나 탁자, 다리미대는 높이를 조절해 작업자에 따라 조정할 수 있게 했다.

세탁 작업은 스웨덴어를 몰라도 할 수 있는 일이기 때문에 상당수의 이민자들이 장애인들의 작업 보조인으로 일하고 있다. 작업 지시를 하는 코디네이터가 두세 명 있는데 이 가운데 장애인도 한 명 있었다.

업무 시간은 정규직은 오전 7시부터 오후 3시 반까지 일하고, 시간제 근무자는 하루에 두 시간에서 여덟 시간까지 일하는데, 장애 정도와 유형에 따라 다르다. 여덟 시간을 기준으로 점심시간 30분과, 공식적인 쉬는 시간이 오전과 오후에 15분씩 있다. 스웨덴의 일반적인 근무 형태이기도 하다. 스웨덴 직장 문화의 하나인 피카Fika(커피 타임)라고 불리는 휴식 시간이 되면 이들도 집단별로 휴식을 취하며 대화와 토론을 나눈다. 모든 것이 같다.

급여는 (단체협약에 따른 최저임금으로) 기본급 1만7,400크로나(약 288만 원)이고, 능력과 경력에 따라 추가 급여가 지급되므로 2만2천 크로나(약 363만 원)를 받는 사람도 있다. 스웨덴에서는 장애인 노동자도 최

삼할 작업장에서는 총책임자 요한손(왼쪽 위) 씨가 설명해 주었다.
세탁물은 주로 연금 생활자(고령자)가 맡기는 옷가지,
삼할 소속 청소 용역 회사에서 쓰는 걸레 등의 청소 도구였고,
작업 환경은 장애 특성에 맞게 최적화되어 있었다.

저임금을 적용받고 있었다. 한국의 최저임금은 형편없이 낮은데, 그나마 장애인 노동자에게는 적용되지도 않는다. 어느 나라가 상식적인지 반문할 필요도 없다.

작업장을 운영하는 재정의 86퍼센트는 정부 보조금이고, 14퍼센트는 자체 수입이다. 삼할 본사의 지원도 있으나, 기본적으로 독립채산제로 운영한다.

세탁물은 주로 연금 생활자(고령자)가 맡기는 옷가지, 삼할 소속 청소용역 회사에서 쓰는 걸레 등의 청소 도구다. 일반 민간 세탁소와 경쟁하기 때문에 경쟁력을 갖추기 위해 노력해야 한다. 세탁물의 위생 관리가 중요하므로 최초 분류 작업이나 최종 정리 작업 때 위생 관리를 하는 담당자를 별도로 정해 두고 있다. 맡겨진 세탁물은 각각 개별 세탁기에서 세탁한다. 일반 민간 세탁소보다 삼할의 가격이 좀 더 비싸지만 질적으로 차이가 난다. 소비자들도 삼할을 선호한다. 지금까지 일이 없어 세탁장이 쉰 적은 없었고, 오히려 일이 많아서 쉴 틈이 없는 상황이라고 한다.

일반 노동시장에서 배제되기 쉬운 장애인들을 위해 '보호된' 작업장이 마련되어 있고, 작업 환경도 장애 특성에 맞게 최적화되어 있다. 이는 일반 노동시장으로 진입하는 기반이 된다. 반면에 기업체 자체는 시장경제 속에서 경쟁하고 있다. 작업장은 보호하되 시장에서는 민간 기업과 똑같이 경쟁한다. 장애인 기업이 민간 기업과의 경쟁에서 전혀 밀리지 않는다는 점도 놀라웠고, '보호된 시장'을 제공하지 않는다는 것도 의외였다. 우리나라에도 삼할처럼 국가가 운영하는 장애인 기업이 있다면 장애인 노동권을 보장하는 수준이 크게 달라지지 않을까? 이제 장애인 직업훈련 시설이나 표준 사업장의 한계를 넘어설 수 있는 국영기업 운영을 적극적으로 검토해 볼 필요가 있다.

주

1__ 『복지국가 스웨덴』, 180쪽.

2__ 『복지국가 스웨덴』, 164쪽.

복지국가 여행기
SWEDEN

12

스웨덴 사회의 저력, 시민교육 기관

아무리 좋은 복지 정책이더라도 사민당이 독단적으로 펼쳤다면 그렇게 장기간 집권하면서 지금과 같은 보편 복지의 틀을 마련할 수 있었을까? 정당과 노동조합이 복지사회의 물꼬를 텄다면, 이를 돌이킬 수 없게 만든 데는 시민사회의 역할이 컸다. 시민들이 직접 참여해 만든 학습 협회들의 협의체인 시민교육협의회를 찾아가 어느덧 1백 년이 넘었다는 역사에 대해 들었다. 대표적인 학습 협회인 노동자교육협회에도 갔는데, 노동이 중심인 사회답게 가장 크고 오래된 협회라고 한다. 학습과 토론 위주임에도 9만 개 모임에 70만여 명이 참여하고 있다고 하니, 말로만 들어선 실감이 나지 않을 정도였다.

슈퍼마켓에서 종이신문을 구입하는 문화

스웨덴을 복지국가로 만든 것이 사민당이라는 사실은 누구나 안다. 앞서 언급했듯이 사민당과 노동조합의 든든한 연대는 두말할 나위 없이 탄탄하다. 하지만 사민당이 선거에서 패배하고, 노조의 조합원 수가 줄어드는 현재 상황에서도 변함없이 스웨덴 사회에 도도히 흐르고 있는 사회민주주의 물결의 근원이 어디에서 유래하는지는 여전히 의문이다. 시민교육협의회Folkbildningsrådet와 노동자교육협회Arbetarnas Bildningsför-bund, ABF는 이런 의문에 답을 주었다.

　시민교육협의회는 여러 학습 협회의 협의체이며, 노동자교육협회는 가장 규모가 크고 역사가 오래된 학습 협회다. 스웨덴에는 28만 개의 학습 모임이 있다. 전체 인구 9백만 명 가운데 무려 1백만 명에 달하는 사람들이 여기에 참여하고 있다. 성인들의 학습·토론 모임 위주인 노동자교육협회에만 9만 개의 모임이 있고, 70만여 명이 참여하고 있다. 좀 더 대중적인 문화 프로그램에 참여하는 인원은 전체 인구의 절반인 460만여 명에 달한다. 산골 마을이나 외딴 지역에도 하나 이상의 모임이 있다니, 스웨덴은 복지국가가 아니라 학습 국가라 해야

시민교육협의회의 가네펠트 홍보위원을 만났다.

2006년에 제정된 시민교육에 관한 법률은,

대개 다른 법이 정당의 입장에 따라 의견 차이를 보이는 데 반해,

사민당이 작성한 법안을 우파 연합에서도 찬성해 입법되었다고 한다.

할 것 같다. 이러니 전 세계에서 독서율이 가장 높은 나라로 꼽히고, 인터넷이 발달했어도 슈퍼마켓에서 장볼 때 종이 신문을 함께 구입하는 문화가 여전히 살아 있나 보다.

시민교육협의회의 비에른 가네펠트Björn Garefelt 홍보위원이 시민교육의 기원에 대해 설명했다.

"과거에는 노동운동과 정치 운동을 같이했다. 사회 변화를 일으키려면 지식을 갖춰야 한다. 한데 모여 공부를 한 것이 시민교육의 시작이다. 배경이 다르고, 경험도 다른 이들이 서로 배우고 이야기하면서 더 많이 알게 되었다."

시민교육의 뿌리는 1900년대 초로 거슬러 올라간다. 왕정 시대부터 교육의 중요성을 느낀 사람들이 모여 스스로 학습한 것이 시작이었다. 이 시기 시민교육 운동과 함께 금주운동, 자유교회 운동(종교운동)도 활발하게 전개되었다. 처음에는 국가 지원 없이 자발적으로 활동했는데, 시민교육의 필요성을 알고 있던 사민당이 정권을 잡은 이후에는 지원이 이뤄지기 시작했다. 가네펠트 위원이 설명을 덧붙였다.

"국가의 재정 지원은 받지만 조직 자체에서 무슨 일을 할지는 스스로 결정한다. 다른 나라에서 방문한 사람들이 이 이야기를 들으면 어떻게 돈 주면서 간섭하지 않을 수 있는지 놀라워한다. 역사가 있으니까 서로를 신뢰하는 것이다. 이것이 스웨덴의 문화라고 할 수 있다."

스웨덴 사람들은 원하는 것이 있으면 모여서 공부하기 때문에, 시민
교육협의회의 교육 내용은 외국어부터 음악, 스포츠, 종교, 환경, 노동
법에 이르기까지 실로 다양하다고 한다. 노동운동은 사회를 연구해서
사회를 어떻게 변화하게 할 것인지를 공부하고, 자유교회운동은 성경
책을 같이 읽고 해석하면서, 필요할 경우 강사를 초청해 강의를 듣기
도 한다.

협회가 10개 있는데 특성은 다 다르다. 노동자들이 운영하며 사민
당과 협력 관계에 있는 노동자교육협회가 가장 큰 곳이고, 농민 협회,
기독교인 협회, 환경 협회, 금주가들이 운영하는 협회도 있다. 최근에
2개의 협회가 새로 생겼는데, 하나는 스웨덴에 사는 이슬람인의 협회
이고, 또 하나는 합창단 같은 곳이 포함된 문화 학습 협회라고 한다.

가네펠트 위원은 "시민교육은 서로 협력하고 도와주는 것이 중요하
다. 스터디 그룹에 속했다면 가만히 앉아 듣고만 있는 것이 아니라 모
두 참여해야 한다."라며 시민교육 기관에 대해 자세히 설명했다.

"국가에서 만든 커리큘럼 없이 자유롭게 진행한다. 기관 및 스터
디 그룹이 알아서 결정한다. 폴크획스콜란Folkhögskolan(성인을 위한 고
등학교)은 150개가량 된다. 지금도 많은 편이지만 계속 늘고 있다."

그 또한 1890년에 세워진 폴크획스콜란에서 일한 적이 있었다고 한

다. 계급 격차가 발생하지 않도록 교육에서 기회의 평등을 실현하는 데 앞장서고 있는 곳이라고 설명한다.

❝ 오래된 학교는 시골에 많고, 최근 새로 연 학교는 시내에 많다. 옛날에는 사람들이 시골에 많이 살았으니 폴크획스콜란도 시골에 많았다. 18세 이상을 대상으로 하는 대안 교육기관인 폴크획스콜란에는 여러 교육과정이 있는데, 장기 교육의 경우 1년에 3회짜리도 있고, 며칠이나 몇 주짜리 단기 교육도 있다. 고등학교를 다니지 않은 사람도 이곳에서 일반 과정을 공부하면 대학에 갈 수 있다. 자신이 원하기만 하면 언제든 대학에 진학할 수 있는 셈이다. 특별 과정도 있고, 직업교육도 있고, 전문교육도 있다. 여가 시설 같은 곳에서 일하는 사람도 여기서 리더십 교육을 받는다. 기숙사가 있다는 것도 폴크획스콜란의 특징이다. 그곳에서 생활하고 공부한다. 학비는 무료이고, 식대에 해당하는 저가의 기숙사 실비만 낸다. 가정 형편이 좋지 않더라도 공부할 기회가 있다. 국가에서 학자금(학업 보조금) 융자를 받아 공부할 수도 있다. 부모의 경제력과 무관하게 누구나 교육을 받을 권리가 있다는 원칙은 시민교육부터 대학까지 모두 똑같다.❞

시민교육folkbildning에 관한 법률은 2006년 제정되었다. 이 법률은 민주주의 발전, 개개인의 역량 강화, 국민들의 교육 수준 향상, 교육과 문화에 대한 사회적 의식 향상을 위해 정부가 시민교육을 지원할 목적으로 도입되었다. 정권 교체 시기에 만들어진 법안이었는데, 사민당이 작성하고 우파 연합에서도 찬성했다. 다른 법에 대해서는 정당의 입장에 따라 의견 차이가 있는데 이 법에 대해서만은 모든 정당이 찬성했다. 또한 법을 제정하면서 협회 예산을 13퍼센트나 증액했다. 가네펠트 위원은 교사 임금, 활동비, 시설비 등에 비용이 지출된다며 예산이 많아야 많은 사람이 참가할 수 있다는 점을 강조했다. 2013년에 새로운 법률안이 나올 텐데, 그때 시민교육협의회의 새로운 방향에 대해 다시 한 번 토론할 것이라고 한다.

1백 년의 전통, 노동자교육협회

앞서 밝힌 바와 같이 학습 협회 10개 중 가장 크고 역사가 깊으며, 협력하는 기관이 60~70개에 달하는 노동자교육협회는 사민당, 노동조합, 소비자 협동조합의 주도로 1912년 창립되었다. 노동자교육협회는 1907년 정부가 시민교육에 필요한 교재 구입비를 지원한 것을 계기로 폭발적으로 발전할 수 있었다. 사민당, 노동조합, 협동조합 활동가들은 책들을 담은 상자를 자전거나 스키에 싣고 지방마다 다니며 교육을 했다. 교육에 필요한 교재는 시중에 유통되는 여러 종류의 책을 사용했다. 교재로 사용한 뒤에는 도서관에 기증하도록 했고, 이를 계기로 각 지역마다 수많은 도서관이 만들어졌다.

노동자교육협회의 교육은 크게 두 가지로 구분할 수 있다. 관련 단체의 회원 교육과, 언어·문화·정치 등을 주제로 삼아 일반 시민을 대상으로 하는 교육이다. 교육에 필요한 다양한 교재를 개발하기도 한다. "스웨덴민주당의 성장에 대한 분석과 대처"와 같은 정당 관련 자료나 노동조합 활동에 대한 교재 등이 있다. 이를 가지고 노동자 권리, 협상 기술, 단체 협상 사전 지침, 노동법 등을 교육한다.

노동자교육협회에서는 각종 문화 프로그램도 많이 개최하는데, 보통 50크로나(약 8천 원)를 내고 강연이나 공연에 참석한다. 노동자교육협회에 가입되어 있는 60여 개 기관의 회원들은 무료로 참가할 수 있다. 외부 인사 강연은 예전에 인기가 많았는데 그 뒤 시들해졌다가 최근에 다시 인기를 얻고 있다. '소설가와의 만남' 같은 프로그램이 특히 호응이 좋다고 한다. 얼마 전 개최한 소설 포럼에는 1천 명 정도가 참여했는데 개중에는 청소년들도 많았다고 한다.

노동자교육협회의 스벤손 부회장은 "노동자교육협회는 미팅 포럼이다. 저비용으로 토론하는 네트워크라고 할 수 있다."라고 설명했다. 또한 "인터넷 중심의 지식이 넘쳐 나지만 깊이가 없다고 생각한다. 온라인을 통한 소통보다는 사람과 사람이 대면하고 접촉하는 것이 더 중요하다고 본다."라고 했다. 다만 스웨덴 북부처럼 지리적으로 서로 떨어진 곳에서는 온라인도 활용한다고 했다. 문화 혜택이 대도시에 집중되어 있는 우리나라의 현실이 떠올라, 스웨덴의 시민교육도 대도시에서만 활발한 것은 아닌지 물었다.

❝노동자교육협회는 모든 코뮨에 있지만, 참여율은 시골이 도시보다 훨씬 높다. 적극적인 참가자는 대부분 중년 이상이다. 참가 단체 가운데 연금 협회가 있다 보니 이들이 적극적으로 활동하고 있다. 지금만이 아니라 예전부터 그런 경향이 있었다. 아무래도 가사와 직장 부담이 큰 30대 중후반의 활동이 저조하다. 다른 협회도 그렇다. 성별로 보면 여성들이 주로 많이 참여하는데, 여성이 문화의 전파자 역할을 하는 셈이다."

이민자 등 소수자들이 소외되어 있지는 않나 궁금했다.

❝전에는 노동자교육협회에서 이민자를 위한 스웨덴어 교육을 했는데, 지금은 이 일을 코뮨이 하고 있다. 사실 노동자교육협회에서 다양한 경험을 같이하면서 교육받는 것이 더 좋다고 본다. 지역에 따라서는 노동자교육협회가 담당하기도 한다. 이라크 이민자를 교육하는 별도의 기관도 있다."

지방정부는 이주민 초기 수용, 주택 제공, 스웨덴어 교육, 스웨덴 사회에 대한 소개 및 성인교육, 일반교육, 아동 보육 등 전반적인 사회복지 업무를 담당하고 있다.

2010년 12월부터는 국영 직업 알선소가 이주민을 위한 각 정부 기관들의 활동을 조정·총괄하는 책임을 지고 있다. 국영 직업 알선소는 지방정부, 다른 정부 기구, 기업 및 각종 기관과 협력해 이주민별로 정착 계획안을 수립해 정착을 돕는다.

이주민 정착 계획안에는 기본적으로 스웨덴어 과정, 스웨덴 사회에 대한 소개, 취업 준비를 위한 각종 활동(이주 노동자들의 교육 및 직장 경험에 대한 평가, 인턴십, 초·중·고등 교육 이수 완료를 위한 추가 교육) 등이 포함된다. 국영 직업 알선소에 배치된 이주민 전담 요원이 이주민들의 구직은 물론 사회생활까지 지원하는 것이다. 또한 정착 계획안을 따라 적극적으로 활동하는 이주민에게는 이주 정착 지원금이 지원되며 주택 보조금이 제공되기도 한다.[1]

한편 스웨덴민주당 소속 일부 의원들은 이민자들의 언어능력, 직업 경력, 학력, 취업 가능성 및 스웨덴 사회 동화력과 관련한 평가 제도를 도입해야 한다고 주장한다. '시민교육'에는 성별, 인종, 성적 취향, 장애, 교육 정도 등에 상관없이 모든 사람이 공평한 가치를 지녔다는 이념이 반영되어 있음을 그들이 상기했으면 한다.

1889년에 사민당이 창당되고 노동조합은 1898년에 결성되었으니, 1900년대 초반에 만들어진 시민교육 기관이 제일 마지막 주자였다. 당·노동조합·시민운동 삼총사의 환상적인 질주였다. 특히 시민교육을 통해 전국 각지에서 자발적으로 학습하고 토론하고 실천하는 소규모 모임이 우후죽순 결성된 것은 오늘날의 스웨덴이 존재할 수 있게 한 결정적 요소라고 할 만하다.

아무리 좋은 복지 정책이더라도 사민당이 독단적·독선적으로 펼쳤다면 장기 집권할 수는 없었을 것이다. 사민당이 오랜 기간 안정적으로 집권하며 마음껏 정책을 펼칠 수 있었던 데는 국민들의 적극적인 지지와 동의가 있었다. 또한 거미줄처럼 연계된 각종 모임에서 이루어진 자발적 학습과 토론, 실천이 없었다면 그런 지지와 동의는 작은 어려움에도 무너졌을 것이다. 스웨덴 사회의 저력은 바로 여기에 있었다. 학습하라. 토론하라. 스스로 행동하라.

주

1__ "스웨덴, 이주근로자들에 대한 새로운 정착법 발효"(한국노동연구원 웹사이트 http://www.kli.re.kr
〈해외노동동향〉 2010/12/23).

노동자들이 세운 쇠데르텐 대학에서 나눈 대화

"우파 정권이 들어서도 국가 경쟁력을
유지할 수 있다는 것은 결국 복지가
얼마나 중요한지를 보여 준다." '진보 정당'
보좌관인 내게도 있던 편견을 드러내고, 한국 사회가 넘어서야 할 경계를
확인시킨 이 말은 쇠데르텐 대학에서 들었다. 노동자들이 조성한 임금노동
자 기금을 해소하면서, 이를 교육을 위해 사용하자는 데 합의해 설립한 대
학이다. 노동자들이 만든 대학에서 미래의 노동자들이 공부를 하는 사회
이기에, 배관공이 대학에 진학하지 않아도 중산층에 자연스럽게 편입될 수
있는 게 아닐까? 쇠데르텐 대학 정치학과 교수인 최연혁 박사를 만나 한국
과 스웨덴을 넘나드는 이야기를 주고받았다.

스웨덴 교육 정책의 풍경 [아이와 어린이는 어디에 있을까] ● 대학에 가지 않은 배관공이 중산층인 사회 ● 도전
에 직면한 스웨덴 모델 ● 스웨덴과 대한민국을 돌고 도는 대화

스 웨 덴 교 육 정 책 의 풍 경

대학은 어디나 청년의 기운이 넘실댄다. 쇠데르텐 대학을 찾아가는 길
은 설레었다. 스웨덴의 대학생들은 사회문제에 대해 어떤 관심을 가지
고 있을까? 사회운동에 어떻게 참여할까? 쇠데르텐 대학은 학구적이었
다. 작은 세미나실이 여러 곳 있었는데, 하나같이 함께 과제물을 작성
하거나 토론하는 학생들로 만원이었다. 강의가 끝난 강의실에도 무리
를 지어 토론하는 학생들이 있었다. 복도 여기저기에도 학생들이 모여
공부하고 있었다. 동양의 낯선 이방인들이 지나가도 시선 한 번 주지
않았다.

쇠데르텐 대학은 노동자들이 조성한 임금노동자 기금을 해소하면
서, 이를 교육을 위해 사용하자는 데 합의해 설립한 대학이다. 노동자
들이 만든 대학에서 미래의 노동자들이 공부를 한다. 이보다 더
변혁적일 수 있을까?

스웨덴으로 갈 준비를 하며 각종 정보를 검색하다 한 블로그에서 스
웨덴 유학을 준비하고 있는 대한민국 청년의 글을 우연히 봤다. 그는
대학을 졸업하고 여러 곳에 원서를 냈으나 취업이 되지 않았다. 취업

쇠데르텐 대학을 찾았다. 노동자들이 조성한 임금노동자 기금을 해소하면서,
이를 교육을 위해 사용하자는 데 합의해 설립한 대학이다.

낙방이 계속되자 공부라도 더 해보면 도움이 될까 싶은 마음에 유럽 유학을 알아봤고, 스웨덴은 학비가 무료라는 말에 스웨덴 소재 대학원에 응시해 합격했다. 학비를 대주던 형에게 취업이 아니라 다시 유학의 길을 택한 것에 미안해하며 소식을 전했는데 형이 너무나 기뻐해 고마웠다는 내용이었다.

스웨덴의 교육은 크게 네 단계로 이루어져 있다. 첫째 단계는 1세부터 6세까지 유치원 과정인데 의무교육은 아니어서 각자가 선택한다. 공립 보육 시설의 경우 부모는 보육비의 10~15퍼센트만 부담한다. 둘째 단계는 7세부터 16세까지가 대상인 의무교육과정이다. 학교 교육 이외의 시간은 지역마다 있는 레저타임센터에서 보낸다. 물론 무료다. 셋째 단계인 고등학교 과정과 넷째 단계인 대학교 과정 모두 의무교육은 아니지만 학비는 무료다.

학비만 무료인 것이 아니다. 최연혁 교수의 설명에 따르면, 대학생들은 상환 의무가 없는 학업비 보조와 상환 의무가 따르는 장기 저리 융자금을 더해 학기 중 8개월 동안 매달 8,140크로나(약 134만 원)를 받는다. 융자가 내키지 않는 이들은 학업비 보조만 받는다. 이 돈으로 생활비를 해결할 수 있으니, 공부에만 열중할 수 있다. 이런 이야기를 들으면 머리카락이 쭈뼛 선다. 지금 이 시간에도 학자금을 마련하느라 이리 뛰고 저리 뛰어야 하는 대한민국 청춘들이 서글프다.

스웨덴은 모든 사람이 경제적·사회적 격차에 관계없이 교육에 대한 접근성이 동등해야 한다는 원칙에 따라 모든 공교육을 무상으로 제공해 왔다. 하지만 안타깝게도 2011년 봄 이후로 유럽연합을 제외한 국가 출신의 유학생들에게 학비를 받는다. 저개발 국가에서 온 유학생에게는 장학금을 제공해 학비를 다시 돌려주는 형식을 취하고 있지만, 잘사는 나라로 분류된 한국 유학생들은 연간 3천만 원쯤 되는 학비를 부담해야 한다.

우파가 집권하면서 바뀐 정책 가운데 하나다. 게다가 사민당도 여기에 반대하지 않는다고 한다. 유럽 전역에서 외국 유학생들에게 학비를 받고 있는데, 스웨덴만 무료라면 오히려 형평성에 어긋난다는 논리다. 평등의 가치를 주장하는 이들도 결국 '자국민 우선주의'를 택하고 있는 셈이다. 자신이 내세운 가치를 스스로 배반하는 것 같아 실망스러웠다.

물론 우리나라 상황을 떠올리면 그들을 비난할 입장은 아니다. 창창한 청춘들의 목숨까지 앗아갈 만큼 가히 살인적인 대학 등록금을 떠올리는 것만으로도 숨이 턱 막힌다. 아무리 벌어도 밑 빠진 독에 물 붓기로 만드는 '죽을 사死'자 '사'교육비는 또 어떤가. 태어나는 순간부터 4년제 대학을 졸업할 때까지 아이 한 명당 2억3천만 원이 든다는 나라. 그렇게 졸업한 아이가 청년 실업 대열에 합류할 뿐인 사회. 앞서 말한 대한민국 청년이 부디 2011년 봄 이전에 입학했기를 간절히 소망했다.

아이와 어린이는 어디에 있을까

학령 전 아동 센터

어린이집daghem 출산휴가가 끝나면서 어린이집에 아이를 맡기거나 특별한 경우 0.5세부터 이용이 가능하다. 가장 보편적인 시설로 연중 운영되며, 부모가 요구하는 시간대로 유연하게 이용할 수 있다. 이용비는 부모의 소득수준과 이용 시간에 따라 차등 부과된다.

자유유치원öppen förskola 어린이집 자리를 구하지 못했거나, 돌봄뿐만 아니라 교육적 양육까지 필요하다고 판단한 이들이 선택한다.

파트타임유치원deltidsförskola '놀이학교'라고도 하며, 5~6세 아이들이 3시간가량 머무르를 수 있다.

가정 탁아familjedaghem 자기 아이가 있는 어머니가 직장에 출근한 부모의 아이들까지 돌보는 곳이다. 코뮌이 운영하는 탁아소를 보완한다. 소규모로 운영되기 때문에 아동의 정서를 고려하거나, 가까운 곳에서 어린이집을 찾지 못한 이들이 선택한다. 농촌 및 교외 지역에서 흔히 볼 수 있다.

◆ 어린이집과 유치원의 직원은 육아 교사와 아동 보호사 및 간호사로 구성된다. 가정 탁아를 포함해 이 유형에 속하는 모든 아동 보호사는 단기간이라도 관련 교육을 받아야 한다.

12세까지의 아동 시설

방과 후 학교fritidshem 부모가 직장에 다니는, 초등학교 3학년까지의 아동을 위한 서비스 센터. 학교 수업이 없는 오전 또는 오후에 이용하는 곳으로 연중 운영되며 방학 기간에도 열린다. 주로 학교와 아주 가까운 곳에 위치하며 학교 수업을 보완하는 프로그램과 아동 성장에 필요한 연령별 프로그램을 운영한다. 이곳에는 교사와 자유시간 교사 등 아동 교육학 전공자가 종사한다.

패밀리홈Familjehem 과거의 위탁가정fosterhem에서 발전된 것으로, ① 보호자가 부재하거나, ② 부모의 알코올·약물 의존 정도가 심각해 정신적·신체적으로 자녀를 양육할 수 없다고 판단되거나, ③ 부모와의 관계가 심각하거나 정신적·신체적 학대 혹은 성추행 등의 위기 환경에 처한 아동·청소년들을 위한 집이다. 아동·청소년들이 원래 가정으로 돌아가는 것을 최종 목표로 하며 위탁 기간은 사례별로 필요한 만큼 정한다. 코뮨은 음식, 옷, 학교, 여가 활동 등에 대해 아동 1인당 소요되는 표준화된 양육 경비를 토대로 경비와 일정액의 급여를 지급한다.

특별 기구 및 제도

임시보호소jourhem 위기 상황에 처한 아동·청소년을 위해 운영되는 단기 휴식처다. 이들은 전문가의 진단에 따라 집 또는 패밀리홈으로 보내진다.

개인 및 가정 멘토kontaktperson/familj 장애아가 있거나 다른 어려움에 처한 가정의 부모를 돕기 위한 제도다. 멘토 역할을 하는 개인이나 가정은 한 달에 한두 번씩 의뢰받은 아동·청소년을 돌보거나 특별히 필요한 부분을 교육시키는 일을 맡는다. 중증 장애를 가진 자녀가 있는 가정들이 주로 혜택을 받는다.

패밀리 치료familjeterapi 란드스팅과 코뮨이 협력해 운영하는 제도로 정신의학적 원인 및 사회 부적응 때문에 발생한 가족 문제를 돕는다. 현재 스웨덴 사회의 약 10퍼센트를 차지하는 이민자 가족의 적응을 위해 가정상담소famijepedagogiska insatser가 운영되고 있다.

_「복지국가 스웨덴」, 96~99쪽 참조.

대학에 가지 않은 배관공이 중산층인 사회

쇠데르텐 대학을 찾아간 것은 최연혁 교수와 면담하기 위해서다. 우리는 우리말이 통하고, 한국과 스웨덴 사회에 대해 잘 알고 있는 최연혁 교수에게 많은 질문을 쏟아 냈다. 최연혁 교수는 "스웨덴은 기술 고등학교만 나와도 일반 중산층으로 편입될 수 있는 시스템을 갖춘 사회"라고 했다. 예를 들어 배관공의 경우, 오전 10시에 출근해 오후 12시 반까지 일하다가 점심 식사를 하고 오후 2시부터 일해 4시 반에 작업을 끝내는데, 이런 식으로 일주일간 일하면 급여로 3만 크로나(약 5백만 원)를 받게 된다는 것이다. 스웨덴은 기술자가 대학에 진학하지 않아도 중산층에 자연스럽게 편입되는 사회다.

최 교수는 "옷이나 먹는 것만 봐서는 잘사는 사람인지 가난한 사람인지 전혀 구분이 안 되는 사회"라고도 했다. 우리의 경험으로도 그랬다. 겉모습만 봐선 얼마나 자산을 소유했는지를 알 수 없는 사회라는 것을 파악하는 데는 일주일로 충분했다.

> **"**중산층은 삶의 질을 고민한다. 이 나라에서는 가족을 중요하게 생각한다. 먹고 입는 것 대신 가족들과 시간을 어떻게 보낼지에 대해 고민한다."

좌든 우든, 많이 벌든 적게 벌든, 문제는 삶의 질을 높일 방안을 모색하는 것으로 귀결한다. 즉 가족과 함께 여가를 어떻게 보낼지를 고민한다는 것이다(스웨덴 사람들은 평상시에 아낀 돈을 휴가철에 쓴다고 한다). 휴가는 대개 6주인데, 여름에 4주를 쓰고, 겨울에 2주 내지 연말 연초 휴가까지 더해 4주를 쉰다. 휴가를 즐기기 위해 사는 사람들이라고 해도 과언이 아니다.

나는 오랫동안 빈곤 정책을 담당해 왔다. 한국 사회의 양극화는 점점 심해지고 있다. 고백하건대 보수정당이 정권을 잡은 이후 약간의 기대도 있었다. 보편적 복지를 확대하기보다는 저소득층에 대한 선별적 복지를 강화해야 한다고 주장해 온 보수주의자들이 정권을 잡았으니, (스스로 내세우는 가치관에만 충실하더라도) 빈곤층에 대한 보장만은 확대하지 않을까 싶었다. 그런 기대마저 하게 될 만큼 가난한 이들의 삶의 고통은 끈질기고 암울했다.

하지만 이들이 말하는 '저소득층에 대한 복지 강화'는 그저 보편적 복지에 반대하기 위한 수사에 불과했다. 우리나라에는 소득과 재산이 최저생계비 기준에 미치지 않는 사람에게 기본적 급여를 지급해 기초 생활을 보장하는 국민기초생활보장제도가 있다. 그러나 이 제도는 본래 취지와는 달리 전 국민의 기초 생활을 온전히 보장하지 못하고 있다. 2010년 정부 발표 자료에 따르면, 전국적으로 약 410만 명(전인구의 약 8.4퍼센트)이 빈곤층에 속하면서도 국민기초생활보장제도 수급자가 되지 못한 채 사각지대에 놓인 것으로 추정된다. 특히 이 가운데 1백만 명이 넘는 사람들이 재산과 소득이 기초생활수급 기준에 해당하면서도 부양 의무자 기준 탓에 현행 제도의 수급 대상자가 되지 못하고 있는 것으로 확인되었다.

정부도 이런 문제점을 인식해 2009년 이들을 대상으로 '생계 보호' 사업을 실시했지만, 한시적 대책이었기에 다음 해부터 중단되었다. 그 당시 생계 보호를 받았던 40만8천 가구는 여전히 사회 안전망의 사각 지대에 놓여 있다. 이들 가운데 82퍼센트가 65세 이상이며 9.3퍼센트가 18세 미만이고, 2.3퍼센트가 중증 장애인이었다. 또한 67퍼센트가 월 소득이 10만 원 미만이고, 98퍼센트는 월 소득이 60만 원 미만이었다. 이런 사람들조차 지원하지 못하는 제도를 어떻게 '국민기초생활보장'이라고 할 수 있을까.

사각지대를 해소하려면 부양 의무자 기준을 폐지하는 것이 우선이다. 그러려면 법이 개정되어야 한다. 국회가 할 일이다. 〈국민기초생활보장법〉은 1999년 제정된 이래 사각지대를 해소하고 보장 범위를 확대하는 방향으로 꾸준히 개정되어 왔지만, 보수정당이 집권한 이후에는 실효성 있는 법 개정이 이루어지지 않고 있다.

반면에 관련 법을 개정하라는 사회적 요구는 더욱 뜨거워졌다. 시민 사회단체는 '국민기초생활보장법 개정을 위한 공동 행동'을 구성해 1인 시위, 집회, 기자회견 등 다양한 활동을 전개해 왔다. 보건 복지 학계의 교수와 연구자 1백 명이 〈국민기초생활보장법〉 개정을 촉구하는 선언을 발표했고, 사회복지사 1만5천여 명도 부양 의무자 기준 폐지 요구 선언을 한 바 있다.

게다가 '선별적 복지 강화'를 말하면서 사각지대에 놓인 빈곤층을 위한 대책을 말하지 않는 모습은 우습기 그지없다. 선별적 복지조차 진전이 없는 우리나라의 상황을 생각하면 스웨덴식 복지국가에 이르는 길은 멀기만 하다.

하지만 가능성은 열려 있다. 최근 복지 담론은 확대 일로다. 너도나
도 복지국가를 말한다. 정책은 방향성이 중요하다. 한번 '복지국가'로
방향을 잡으면 되돌리기 어렵다. 그 뒤로는 전진해야 한다. 복지국가
논쟁이 반가운 것은 국가 운영의 방향성이 복지국가를 가리키기 때문
이다. 북극을 향한 나침반의 바늘처럼 나도 떨린다.

도전에 직면한 스웨덴 모델

스웨덴 모델은 한국에서도 통할 수 있을까. 최연혁 교수는 "현재 한국
에서 스웨덴 복지국가 모델에 접근하는 태도는 선거를 염두에 둔 단기
적인 관심으로 보인다. 장기적으로 보면서 한국의 복지 모델 지향점을
찾아야 한다. 복지국가를 정치 모델이 아니라 정책 모델로만 보는 한
계도 있다. 스웨덴은 사민당이 무너진다고 해서 복지 제도가 무너지지
않는다. 스웨덴은 국가 경쟁력 2위인 나라다. 1위가 스위스, 5위가 핀
란드다. 우파 정권이 들어서도 국가 경쟁력을 유지할 수 있다는
것은 결국 복지가 얼마나 중요한지를 보여 준다."라고 했다.

우파 정권이 들어서'도' 국가 경쟁력을 유지할 수 있다고 한다. 나는
잠시 멍했다(스웨덴에서 곧잘 이런 경험을 했다). 이 말은 우파 정권이 들어
서면 국가 경쟁력을 유지하지 못할 것으로 예상했다는 것 아닌가. "우
파 정권이 들어서도"의 '도'라는 한 글자가 내 머릿속 고정관념을 뒤집

어 놓았다. 우리는 일반적으로 우파 정권만이 국가 경쟁력을 유지한다고 생각한다. 진보 정당에서 일하는 나조차도 우리가 집권하면 국가 경쟁력은 낮아질지 모른다고 생각하고 있었다. 그래서 되도록 국가 경쟁력은 중요하지 않은 문제로 치부하기도 했다. 이들은 완전히 거꾸로 사고하고 있었다. 진보 정당에 필요한 건 과학적 분석과 자신감이다.

또한 언제부터인지 우리 사회에서는 복지 확대가 국가 경쟁력 유지에 역행한다는 것이 '상식'처럼 되어 버렸다. 하지만 최연혁 교수의 말은 그런 고정관념을 깼다. 복지가 뒷받침되었기에 우파 정권도 국가 경쟁력을 유지할 수 있다니, 국가 경쟁력의 근간은 복지 제도라는 말 아닌가. 이들의 사회체제와 사고방식이, '매직아이'처럼 한눈에 떠올랐다. 스웨덴 사회에서 경쟁력의 기초는 평등에 있다.

    ❝교육을 바탕으로 한 평등의 논리가 있다. 질 높은 노동력이 만들어지고 유연한 노동시장 정책을 펼칠 수 있는 것은 언제든 공부할 수 있기 때문이다. 실업 상태일 때 공부를 하면 교육 보조금이 나온다. 열린 교육과 복지 제도를 통해 스웨덴의 경쟁력이 더 발전하고 커질 수 있었다는 점을 우파 정당도 인정한다. 보수당과 사민당의 정책 거리는 좁다.❞

사민당은 지금 어떻게 하면 전통적 좌파 세력과 LO 조합원들을 다시 끌어들일 수 있을지를 고민 중이라고 한다. 예전처럼 LO만이라도 사민당을 전폭적으로 지지했다면 집권할 수 있었을 텐데, 1991년부터 사민당과 노동조합은 애증의 관계가 되었다. 유동성 위기가 닥쳤을 때 사민당이 파업 금지 및 임금 동결 같은 반노동 정책을 펼쳤기 때문이다. 최 교수가 말을 이었다.

"사민당의 재정에서 국가 보조금 다음으로 큰 비중을 차지하는 것은 노동조합이 제공하는 정치자금이다. 재정 지원뿐 아니라, 여러 측면에서 사민당이 이기려면 노조가 필요하다. 노조 조직률은 가장 높았던 1990년대 중반에 85퍼센트까지 올라갔다가 지금은 75퍼센트 정도로 떨어졌다. 노조 조직률이 떨어진 이유 가운데 하나는 노동조합비에 적용되어 온 세금 환급을 없앤 것이다. 실제로 세금 환급 액수가 크지는 않으므로 심리적인 이유에 가깝지만 말이다."

노동자들은 사민당은 물론 노조도 실질적인 도움이 되지 않는다고 생각해 노동조합에 가입하지 않게 된 것이다. 사민당이 다시 집권당이 될 수 있는지는 조합원들의 지지를 회복할 수 있는지에 달렸다. 그러려면 좌익당과 구별되고, 보수 우파와 차별되는 정책을 제시해야 한다. 사민당이 처한 딜레마다.

최 교수는 "스웨덴은 복지 제도가 뿌리를 내려 경제 위기 상황에서도 어느 나라보다 안정적인 체제를 유지하고 있다. 빈부 격차가 심한 사회들이 한계점에 도달한 지금 상황에서는 안정적인 사회가 우선시된다는 점에서 스웨덴을 주목할 필요가 있다."라고 했다. 유럽화와 세계화의 도전은 스웨덴만이 아니라 유럽의 모든 나라가 안고 있는 문제이지만, 그래도 스웨덴 사회가 탄탄하게 버티고 있는 것은 분배 정책이 잘 운용되기 때문이라는 것이다.

> **❝** 우파 정당은 현재의 복지 제도를 유지하면서, 중산층을 안정적으로 유지하는 정책으로 갈 것이다. 이제 스웨덴의 모든 정당은 좌우를 막론하고 사실상 사민주의 정당이자 복지주의에 합의한 정당이다. 사민당의 입지가 줄어들었다. 감성에 호소해야 한다. '우리가 진정 중산층을 위한 정당'이라고 말해야 한다. 하지만 그랬을 때 전통적 지지층은 과연 어떻게 될지가 문제다."

사민당 입장에서는 어려운 상황이다. 최 교수와 우리의 대화는 해가 저물도록 계속되었다. 사회민주주의는 굳건하다. 정당은 변해도 사상은 변하지 않는다. 어떻게 보면 스웨덴 사민당이 추구했던 가치가 60~70년 만에 이루어졌다고도 할 수 있다. 그럼에도 지금 사민당의 고민은 새로운 변화에 대한 해답이 쉽게 나오지 않는다는 데 있다. 정당의 정책이 다 비슷비슷해졌기 때문이다.

최 교수는 "이제 모든 것은 상당히 두터워진 중산층의 목소리에 의해 결정될 것"이라고 전망했다. 소수를 대변하는 정책만으로는 영영 정권을 잡을 수 없다고 했다. 사민당이 성공한 배경 가운데 결정적인 것은 높은 세율과 고복지를 바탕으로 한 분배 정책을 통해 잘사는 사람과 못사는 사람의 차이를 줄였다는 데에 있다. 최 교수는 약자를 위한 정책은 보수당에도 있기에 다음 선거에서도 사민당이 고전할 것이라고 했다.

> **❝**예컨대 연금을 받는 사람들의 생활수준은 다른 사람들의 생활수준의 79퍼센트밖에 안 된다는 조사가 있었다. 그런데 생활의 질에 차이가 있음을 보여 주는 이 수치가 점점 개선되고 있다. 보수당이 저소득층을 위해 펼친 정책이 효과를 발휘한 것이다. 보수당은 66세 이상 시민들의 삶의 질을 높이는 정책을 계속 추진하겠다고 한다. 여기 책정된 예산만 20조 원에 이른다. 이처럼 보수당이 펼친 정책의 혜택을 누린 국민이 늘어날수록 사민당이 제안하는 정책이 지지받기는 어려워질 것이다. 사민당은 보수당과 차별성 있는 정책이 무엇인지를 찾기 위해 상당히 고민해야 할 것이다."

또한 한국 신문의 보수 논객들은 (사민당이 이루어 놓은) 복지 제도가 문을 닫는 것처럼 말하지만 그렇지 않다며, 사민당이 구현한 복지 제도에 대해서는 우파 정당조차 고마워할 정도라고 일침을 놓았다.

좌우파 정당의 집권과 무관하게 유지되는 정책 방침은 또 있다. 민영화가 그렇다. 최 교수는 "민영화 기조를 지닌 우파 정당조차, 알코올 유통 정책만은 민영화하지 않을 것이다. 가령 어느 슈퍼마켓에서든 술을 살 수 있게 정부 규제를 풀 수도 있다. 하지만 그렇게 되면 알코올 의존자가 많아져 국민 건강에 해악을 끼치고, 국가 경쟁력도 약해지리라는 것을 우파 정당도 인정하기에 섣불리 민영화하지 않는 것이다."

라고 했다.

민영화는 한국 사회에서도 중요한 쟁점이다. 그동안 한국 사회의 공기업 매각은 합리적 선택이었다기보다 대부분 정치적·경제적 의도가 반영된 경우가 많았다. 심지어 해당 공기업이 흑자를 내고 있는 상황에서 무리하게 매각을 추진하기도 했다. 민영화의 피해는 고스란히 국민들에게 돌아오고, 이를 둘러싼 갈등은 깊어져 왔다.

❝민영화할 필요성이 있는 국영기업들은 대부분 2006년에 정리되었다. 스웨덴에서 민영화할 수 있는 공적 영역은 거의 남지 않았다고 봐야 한다. 가령 우체국은 이미 사민당이 집권하던 시절에 민영화되어 덴마크와 우편 행정이 통폐합되었다. 스웨덴이 보유한 지분이 60퍼센트다. 규모의 경제를 구현하고자 국가 대 국가의 민영화로 가는 추세다. 그래서 불편한 점도 있다. 가령 10킬로그램짜리 소포를 하나 보낸다고 치면 선박이 아니라 항공만 이용해야 한다. 민영화에 따른 손해는 전적으로 국민이 짊어지지만, 국가가 언제까지 적자 기업을 떠안을 수 있겠느냐는 고민 또한 남는다.❞

스웨덴의 경우 민영화를 우파 정당이 집권하면서 복지가 후퇴한 증거라고 하기는 어려워 보인다. '부실 공기업'을 매각할 필요성을 내세우는 입장과, 공공성을 유지해야 한다는 입장은 사민당이 집권했을 때도 갈등 관계였다. 스웨덴에는, 민영화의 필요성이 크면 국민들의 불편을 다소 감수하더라도 선택할 수 있지만, 그 폐해가 크면 경제적 이유와 상관없이 민영화해서는 안 된다는 사회적 합의가 존재한다. 결국 민영화 자체가 아니라 '어떤' 민영화인지가 관건이었다.

스웨덴의 경제성장률은 매우 높은 편이다. 반면에 실업률도 높다. 스웨덴은 지금 어떤 상황인가?

❝청년 실업률이 25퍼센트에 달한다. 국제 기준으로도 높은 수준이며 이는 심각한 사회적 문제가 되고 있다. 두 가지 문제를 지적할 수 있다. 첫째, 초봉이 너무 높다. 학력과 상관없이 평균 초봉이 2만1천 크로나(약 347만 원)쯤 된다. 초봉을 낮추자는 정책이 논의되고 있다. 노동계에서는 임금 삭감이라고 보는 시각도 있다. 둘째, 고용세가 너무 높다. 새로운 고용을 창출하는 데 걸림돌이 되고 있다. 1960년대에 복지 제도를 확충하기 위해 도입된 고용세는 회사가 노동자를 고용할 때 실업수당, 보건 복지 비용 등의 용도로 국가가 떠안아야 할 비용을 줄이기 위한 방안으로 도입되었다. 고용세는 퇴직연금, 일반 봉급세, 건강보험료, 노동시장 기금 등에 쓰인다. 노동시장 기금으로는 실업한 이들에게 1년 동안 월급의 1백 퍼센트를 보장하고 교육을 하는 데 쓰고, 이후에도 직업을 갖지 못한 이들에게는 창업을 지원하는 데 쓰인다. 이 같은 활동에 드는 비용을 기업이 부담하는 것이다.❞

사민당이 정권을 잡았다면 정책 기조는 전혀 달랐겠지만, 지금의 상황을 쉽게 극복하지는 못했을 것이다. 세계화 추세 속에 다국적기업이 된 스웨덴 기업들은 더 많은 이윤을 남길 수 있는 국가로 옮기고 있다. 게다가 중소기업의 상당수가 발틱 국가로 이전하는 상황이다.

최 교수는 세대교체, 산업구조의 변화, 안팎으로 도전을 받는 복지 제도라는 종합적 상황에 대해 사민당이 어떻게 대처할지는, 이후 선거를 준비하는 과정에서 확인될 것이라고 했다. 또한 "줄곧 사회적 약자들의 목소리를 대변하는 정당이었던 사민당이 이제 중산층을 끌어안아야 하는 상황이 되었는데, 우파 연합과 어떻게 차별화할지의 문제가 남았다."라고도 했다.

스웨덴과 대한민국을 돌고 도는 대화

진보는 시대의 변화보다 앞서 가야 한다. 노동계급의 이해에 충실한 사민당은 '중산층'이 된 스웨덴의 노동자들의 요구에 걸맞게 발전해 가야 할 것이다. 앞서 언급했다시피 보수정당은 이번 선거에서 새로운 노동자 정당을 표방했다. 보수당은 감세 정책을 주요한 공약으로 내세웠는데, 그래서 중산층의 지지를 받아 승리했다고 평가되기도 한다. 지금까지 사민당이 장기 집권해 온 것은 세금을 많이 걷어 복지를 확대하고, 노동시장 정책과 복지 정책을 잘 운영했기 때문인데, 선거에 연달아 패배한 탓에 점점 위기 상태가 되는 것은 아닌가 싶었다.

특히 금속노조를 만났을 때 "사장은 누가 돼도 관계없다. 구조 조정에 동의한다. 실업 문제는 정부의 역할이다."라는 말을 들은 것은 충격

적이었다. 조합원들이 구조 조정을 하면 더 많은 임금을 받을 수 있어
서 이를 반대하지 않는다는 것이다. 중산층 노동자의 요구에 맞추다
보면 사민당의 정책이 점점 더 우파 정당과 닮아 가는 것은 아닐지 궁
금했다.

   ❝모든 국민의 건강과 행복을 국가의 기초로 삼아야 한다. 많이
먹는 국가가 아니라 나눠 먹는 국가일수록 안정적이다. 상대적 빈
곤을 얼마나 줄이는지가 중요하다. 사회적 가치와 자원이 국민 모
두에게 공평하게 분배되고, 소외된 이들을 국가가 책임지는 사회
야말로 현대의 유토피아라고 할 수 있는데 그런 점에서 신자유주
의 모델은 결국 실패하고, 복지를 바탕으로 한 스칸디나비아 모델
이 대안으로 자리매김할 것이라고 본다.❞

  질문에 대한 직접적인 답변은 아니었지만 충분히 알아들을 수 있었
다. 스웨덴은 이미 안정된 사회가 되었다. 바람이 불어도 견딜 수 있다.
마지막으로 한국에서 진보 정당이 집권하기 위해서는 무엇을 해야 할
지를 물었다. 최 교수는 서슴지 않고 스웨덴의 '국민의 집' 같은 정책이
나와야 한다고 했다.

  앞서 말했듯 '국민의 집'은 사민당의 이념이자 '스웨덴식 중도 노선'
이다. 국가는 모든 국민을 위한 좋은 집이 되어야 한다며 분배의 형평
성이 실현되는 경제정책, 노동시장 정책, 평등과 연대 및 사회 통합에
기초한 사회복지 정책, 정책을 결정하고 집행하는 과정에서의 민주주

의를 제시한 것이다. 계급투쟁이나 사유재산 폐지가 아니라 연대성을 강조한 것은 비사회주의 정당이나 농민, 중산층들과의 정치적 대화와 협조를 가능하게 했고, 스웨덴 특유의 복지국가 모델이 성공적으로 자리 잡게 했다.[1]

정책 노선을 뜻하는 '국민의 집' 말고, 진짜 '국민의 집'도 있다. 1890년 처음 생긴 이래 20년 만에 112개로 늘어난 후 최대 수백 개에 달했던, 코뮌이 세운 일종의 마을 회관이다. 책을 읽고 토론하는 노동자들로 북적이는 국민의 집은 스웨덴 사민주의의 상징이다. 이곳에는 도서관과 강당, 영화 상영실, 모임방이 있고, 소규모 언론사와 출판사를 위한 공간도 있다.[2] 강연회와 토론회, 문화 행사가 열리는, 지역의 실질적 거점이다.

우리나라에는 마포 성미산마을에 '민중의 집'이 있다. "지역 주민들이 스스로 삶을 가꾸고 서로 나눔으로써 지역사회를 보다 건강하고 따뜻하게 바꾸기 위해 만든 주민들의 자치 공간이자 공동체"라고 소개되어 있다.[3] 돈·경쟁·효율만이 중시되는 세상을 넘어 새로운 희망을 만들어 가겠다는 실험이 우리나라에서도 성공하기를 바란다.

지역 단위의 자발적 실험도 매우 중요하고 의미 있지만, 정당의 정책으로 제시되어 국민들의 광범위한 지지를 얻게 되었을 때 실현 가능성은 더욱더 높아질 것이다. 최 교수가 지적한 대로 진보 정당의 정책은 좀 더 '실물'에 가깝게 표현되어야 한다.

사민당이 1915년에 제1당이 되는 과정에는 산업화가 있었다. 1920년에 집권할 수 있었던 데는, 선거 개혁이 시행된 결과 여성에게 선거권이 부여된 것이 크게 작용했다. 사민당과 자유당이 연립정부를 꾸리고 있던 1919년에 모든 성인 남녀에게 1인 1표를 부여하는 보통·평등 선거권이 실현되었던 것이다. 그리고 1921년 선거에서는 역사상 처음으로 여성 의원이 하원에서 네 명, 상원에서 한 명 선출되었다. 그러면서 사민당의 힘도 커져 갔다.

    66이삭줍기를 하듯 국민 한 사람 한 사람을 소중히 여겨야 한다. 우파 정권이 들어서도 국가 경쟁력을 유지할 수 있었던 것은 결국 복지 덕분이다. 가장 아픈 부분을 버리고 인정하고, 그러고 나서 국민을 위한 정책과 정치를 펼 필요가 있지 않을까. 겉모습만 바꿔서는 안 된다. 북유럽 모델이 또다시 주목받고 있는 것을 보면, 결국 평등을 기본으로 한 모델이 필요한 시점인 것 같다."

    가장 아픈 부분을 버리라는 충고를 들을 때는 눈물이 핑 돌았다. 가슴에 비수가 꽂히는 느낌이었다. 버려야 할 것이 많다. 그래서 아프다. 스웨덴의 과거와 대한민국의 현재를 돌고 도는 대화는 이렇게 끝을 맺었다. 무척 배가 고프다.

주

1_ 『복지국가 스웨덴』, 68쪽.

2_ "'착한 정부'는 '코뮌'에서 나온다"(『프레시안』 2008/10/15).

3_ 민중의 집 웹사이트(http://www.peoplehouse.net).

나를 돌아보게 하는 고대 도시, 감라 웁살라

스웨덴에서 우리에게 주어진 마지막 날이다. 오전에 스톡홀름 의회가 있는 시청사에 들르고 나서 웁살라에 가기로 했다. 웁살라행 기차가 서있는 중앙역에는 개찰하는 사람도 보이지 않고, 안내원이나 안내 방송도 딱히 없었다. 북쪽으로 가는 기차를 타면 오로라를 봤을 테고, 남쪽으로 가는 기차를 타면 스웨덴 제2의 도시라고 하는 예테보리에 다녀왔을 터다. 목적지가 수정될 수 있다는 사실이 선사하는 불안과 흥분을 애써 달랜 뒤 도착한 감라 웁살라에서 나의 지난 삶을 떠올렸다. 그리고 옆에서 함께하고 있는 이들을 가만히 돌아봤다.

● 마지막 하루, 해가 떠있는 건 네 시간   ● 스톡홀름 의회에서 상상하는 '진짜 정치'   ● 웁살라를 가다   ● 1백 년 가는 노동자 정당의 꿈

마 지 막 하 루 , 해 가 떠 있 는 건 네 시 간

우리에게 주어진 마지막 날이다. 이 귀한 시간을 놓고, 어디로 갈 것인지 고심을 거듭했다. 언제 다시 올지 모르는 북유럽 아닌가. 내일 새벽 비행기를 타야 하니 스톡홀름에서 멀리 떨어진 곳으로는 갈 수 없었다. 지도를 펼쳐 놓고 자료를 찾아가며 머리를 맞대고 의논했다. 한 명은 항구에 가고 싶어 했다. 배가 들고나는 포구에서 삶의 생동력을 맛보고 싶었으리라. 또 다른 이는 재활 보조 기기 전시회에 가고 싶어 했다. 스웨덴에서의 마지막 한순간마저 하나라도 더 배워 가겠다는 욕심이 드러났다.

나는 유네스코 세계 문화유산으로 등재된 공동묘지에 가고 싶었다. 기차를 타고 몇 정거장만 가면 세계 문화유산을 볼 수 있다는데 어떻게 포기한다는 말인가. 스톡홀름 시내의 박물관 중에도 가보고 싶은 곳이 아직 많이 남았는데 짐도 싸야 했다. 시간은 단 하루. 해가 떠있는 시간은 네 시간. 박물관이나 전시회장이 문 닫는 시각은 오후 5시.

하고 싶은 것은 많고, 시간은 부족했다. 머무는 동안 지독하게 일정을 소화한 결과다. 남은 하루를 어떻게 보낼지 치열하게 토론했다. 일단 항구는 제외다. 스톡홀름 인근 바다는 깨끗하지 않을뿐더러 물고기도 별로 살지 않아, 어민들의 생생한 노동에서 전해지는 항구 특유의 정취를 느낄 수 없단다. 그럼에도 나는 당사자가 벅벅 우기면 같이 가줄 마음을 먹고 있었는데, 가고 싶어 하던 사람이 알아서 접는다.

공동묘지는 아무도 가고 싶어 하지 않아서 역시 제외. 유네스코에 등재된 곳이라고, 이런 곳을 가줘야 우리의 수준이 높아진다고 거듭 강조했건만 반응이 없다. 눈 쌓인 숲은 그동안 오가며 지겹도록 봤단다. 특히 스칸센 박물관에서 작지만 멋진 자작나무 숲을 본 뒤로는 노르웨이의 자작나무 숲을 보러 가자는, 다소 황당하지만 왠지 가능할 것 같던 꿈도 쏙 들어갔으니, 소나무 숲 공동묘지가 유네스코가 아니라 은하계 문화유산에 등재되었다 한들 꿈쩍할 리가 없다. 다음에 오게 되면 꼭 가보겠다는 다짐만 남기고 나도 접었다. 각자 가고 싶은 곳을 다녀오자는 의견까지 나왔지만, 결국 오전에는 노벨상 시상식의 만찬이 거행되었다는 스톡홀름 시청사에 가고, 오후에는 웁살라에 가기로 했다.

우리 중 한 명은 오전 일정으로 끝끝내 재활 보조 기기 전시회를 택했다. 돌아보면 그의 인생은 늘 그랬다. '목적'이 있어야 했다. 걸음도 빠르고 밥도 빨리 먹는 그는, 머뭇거림을 용납하지 않았다. 하나라도 더 보고, 한 걸음이라도 앞서 가고, 한순간이라도 아껴 가며 살아왔다. 한국 사회를 변화시키겠다며 숨 가쁘게 살아온 그의 삶이 보였다. 그의 인생 경로를 아는 만큼, 그의 삶의 태도도 인정하기로 했다(그와는 점심시간에 중앙역에서 만나기로 했다. 웁살라에 같이 가줘서 고마울 따름이다).

스톡홀름 의회에서 상상하는 '진짜 정치'

1911~23년에 건설되었고 스톡홀름 의회가 있는 시청사는 스톡홀름의 상징적 건물이자 관광객이 가장 많이 찾는 장소 중 하나다. 이곳에서는 가이드 투어를 해야 한다. 한국말로 된 안내는 없어서 영어 가이드를 따라갔다. 가이드의 말을 열심히 경청한 결과 대강의 내용을 알아들을 수 있었다(고 생각되지만 한글 안내문이 있었으므로 청각과 시각 중 어떤 것이 뇌의 인식 작용을 도왔는지는 알 수 없다).

시청사는 사무실·회의장·행사장이 그대로 사용되고 있으며 주말에는 결혼식도 올린다. 특히 회의장은 스톡홀름 시의 의회 장소여서 격주로 월요일 저녁마다 회의가 열린다.

시의회의 천정은 바이킹 시대의 통나무집 천정과 같은 형태로 나무가 그대로 노출되어 있었다. 우리나라의 옛 궁궐 천정과 비슷하다. 시청사에서 가장 큰 행사장인 푸른 방Blue hall은 노벨상 수상 축하 만찬식이 거행되는 장소다. 우리가 방문한 것은 만찬 다음 날이었다. 행사장 한쪽에는 지난 저녁에 쓰인 식탁과 의자가 덮개에 덮인 채 쌓여 있었다. 노벨상 만찬이 〈열린 음악회〉도 아닌데 너무 무던하니 나까지 무감각해지려고 한다.

황금의 방에는 8백만 개의 벽돌과 1천9백만 개의 금도금 모자이크가 사용되었다고 한다. 고풍스러운 집기들을 보면서, 이런 곳에서는 도저히 '국회 폭력 사태'가 일어날 수 없겠다는 생각이 들었다. 권력을 가진 다수의 폭거 앞에서, '폭력'으로 해석되는 저항밖에 할 수 없는 소

1911~23년에 건설된 시청사에는 스톡홀름 의회도 있다.
스톡홀름의 상징적 건물이자 관광객이 가장 많이 찾는 장소 중 하나다.

수 정당의 보좌관인 나는 마음이 아렸다. 나도 대화와 타협이 통하는 세상에서 살고 싶다.

하지만 현재와 같은 권력 구조에서는 많은 경우 '대화와 타협'이 강자의 논리가 관철되는 도구로 작동할 뿐이다. 공정한 경쟁이 원천적으로 불가능한 사회에서 '약자'의 입장을 대변하는 정치인으로 살아가노라면 때로는 격한 행동이 동반되기도 한다. 사회민주주의가 택한 '협의 민주주의'가 매력적인 이유는 시간이 걸리더라도 '모두가 합의하는 결론'에 도달하려 애쓴다는 데 있다. 소수의 의견이 무시되지 않고 다수의 폭거가 발생하지 않는다. 날치기는 존재할 수 없으며 독선적 국가 운영은 불가능하다. 다수 대중을 설득하는 측이 권력을 획득한다. 이게 진짜 정치다.

제대로 된 정치를 실현하기 위해서는 정당이 제 역할을 다해야 한다. 정당은 공동의 가치를 지향하는 조직체다. 정당이 제시하는 가치에 대한 동의 여부가 투표권 행사의 기준이 될 때, 비로소 민주주의가 정착될 것이다. 이를 위해서도 강한 진보 정당이 필요하다. 양당 구조의 고착화는 협의 민주주의가 아니라 '야합 민주주의'(그것도 민주주의라할 수 있다면)를 불러올 가능성이 높으며, 이는 다시 정당정치에 대한 혐오감을 불러올 것이기 때문이다. 정치라는 보이지 않는 힘의 실체는 정당이다.

시청사에서는 가이드 투어를 해야 한다(왼쪽 위).

이곳의 회의장에서는 격주로 월요일 저녁마다 스톡홀름 시의 의회가 열린다(오른쪽 위).

시의회의 천정에는 바이킹 시대의 통나무집 천정과 같은 형태로

나무가 그대로 드러나 있는가 하면(왼쪽 아래),

황금의 방이라는 곳도 있었다(오른쪽 아래).

웁살라를 가다

시청사에서 나와 웁살라행 기차를 타기 위해 중앙역으로 갔다. 개찰하는 사람이 없다. 안내원이나 안내 방송도 없다. 전국 각지로 뻗어 가는 수많은 기차 노선이 있어서 스웨덴에서 가장 크고 복잡한 기차역인데, 그냥 들어가서 아무 기차나 타면 된다.

게이트 번호가 쓰여 있긴 하지만, 1년이면 족히 수백만 명의 외국인이 여기서 기차를 탈 텐데 실수한 사람이 한 명도 없었다는 건가? 나는 늘 타는 지하철에서도 가끔 거꾸로 가곤 한다. 종종 두세 정거장쯤 가다가 '어, 반대 방향이네.' 깨닫고는 돌아온다. 자칫하면 스웨덴 땅에서 엉뚱한 곳으로 가게 생겼다. 하긴 만약 북쪽으로 가는 기차를 타면 오로라를 볼 수 있을 것이고, 남쪽으로 가는 기차를 타면 예테보리에 다녀올 수도 있을 것이다. 스웨덴 제2의 도시인 예테보리는 2050년까지 재생에너지를 통한 '에너지 자급자족'을 실현하겠다는 착한 프로젝트를 진행하고 있는 친환경 도시이기도 하다.

목적지가 수정될 수 있다는 사실은 불안과 흥분을 동시에 선사한다. 고등학교 학생회 민주화 운동을 했던 열여덟 살부터 마흔이 넘어 진보 정당에서 일하는 지금까지, 내 인생의 목적지도, 그 목적지에 이르는 길도 단 하나였다. 다른 길이 있을지도 모르지만, 그것은 나의 길이 아니라고 생각했다. 그리고 더 많은 사람들이 같은 길에 있기를 소망했다. 더 많은 사람들이 함께 가면 목적지에 그만큼 일찍 도착할 것이라고, 적어도 덜 힘들 것이라고 믿었다. 지금은 저마다 걷는 길

스웨덴은 웁살라로 향하는 우리에게 더없이 멋진 설경을 선물했다.
시간이 고대에서 멈춘 이곳에서 고대의 눈을 맞고, 고대의 공기를 마시고, 고대의 거리를 걸었다.

이 다를 수도 있음을 안다. 내가 걷는 길을 같이 가지 않는다고 서운해하거나 노여워해서는 안 된다는 것을 세월에서 배웠다. 아직 내가 버리지 못한 것은, 길은 달라도 목적지는 같았으면 좋겠다는 생각이다.

어쨌거나 지금은 다른 기차를 타고 엉뚱한 도시로 가도 좋으니, 내일 새벽 비행기만 놓치지 않기를 바랄 뿐이다. 그것이 유일한 소망이다. 그리고 할 말은 해야겠다. 아, 스웨덴 사회. 모든 책임을 개인에게 떠넘기는 대중교통 체계, 어떻게 좀 안 되겠니? 조금만 더 승객의 입장에서 '친절한 안내'에 열을 올려 주면 안 되겠니? 하다못해 표지판이라도 군데군데 붙여 놓으면 안 되겠니?

스웨덴은 웁살라로 향하는 우리에게 더없이 멋진 설경을 선물했다 (대중교통 체계에 대한 불만을 이런 식으로 무마하다니). 기차가 가다 멈춘다 해도 이해할 수 있을 것 같았다. 말이 뛰노는 농장 곁을 지나고, 소나무 숲을 지나고, 끝없이 펼쳐진 눈 쌓인 벌판을 지났다. 좋은 이들과 함께하는 기차 여행의 가치는 무엇으로도 계량되지 않는다. 마지막으로 이런 여유로움을 만끽한 것이 언제였을까? 일에 쫓기고, 시간에 쫓기고, 도태되지 않으려 발버둥 쳤다. 그리고 그런 상황에서조차 정의롭고자 했다. 어느 한쪽을 택하지 않아, 더 여유롭지 못한 인생이었다.

기차를 타고 가는 내내 다들 별 말이 없다. 웁살라는 스톡홀름에서 북쪽으로 65킬로미터 정도 떨어진 도시다. 18세기까지 스웨덴의 수도였다고 한다. 웁살라에는 웁살라 대학이 있고, 도서관·기숙사처럼 웁살라 대학과 관련된 모든 것이 있다. 사실, 현대의 웁살라는 '웁살라 대학 마을'이라고 보는 것이 맞다. 마치 공부에만 집중하라고 외따로 만

들어 놓은 도시 같다. 학업에 집중하도록 생활비를 보조한다는데, 이 도시에서는 돈을 쓸 일도 없어 보인다. 우리는 이 도시를 왜 가기로 했을까.

도시 이름이 매력적이다. 웁살라. 뭔가 비밀을 품고 있는 이름 같다 (혼자 있다면 소리 내어 발음해 보라). 마법의 주문 같기도 하고, 요정 이름 같기도 하다. 웁살라를 선택한 또 다른 이유는 감라 웁살라 때문이다. 감라스탄처럼 '감라'는 '오래된'이라는 뜻이다. 감라 웁살라는 느낌이 매우 다르지만, 말 그대로 '옛날 웁살라'다. 매우 오래된 고대 도시인 감라 웁살라에는, 바이킹이었다는 스웨덴 초기 왕들의 무덤이 있다. 스칸디나비아에서 가장 큰 고분이라고 하는데, 분위기도 한국의 경주와 비슷하다.

웁살라 역에서 버스를 갈아타고 15분 정도 갔다. 아, 감라 웁살라. 12월의 이곳은 오로지 눈뿐이었다. 감라 웁살라의 시간은, 고대에서 멈추었다. 고대의 눈을 맞고, 고대의 공기를 마시고, 고대의 거리를 걸었다. 지구의 시간표에서 보면 인간은 얼마나 짧은 찰나를 살고 있는 것일지. 우주라는 공간에서 보면 내가 사는 이곳은 얼마나 작디작은 점에 불과할지.

1백 년 가는 노동자 정당의 꿈

고개 돌리는 모든 곳이 하얀 세상에서, 나는 그저 눈송이 하나였다. 이제 그만 아등바등 살고 싶었다. 미래를 위한다며 현재를 착취하고 싶지 않았다. 부채에 미래마저 저당 잡힌 채, 죽자 살자 일하는 것 말고는 다른 선택을 할 수 없는 나의 삶이 정말이지 견딜 수 없었다. 나는 단지 정의롭고자 했을 뿐인데 왜 내 삶은 이렇게 힘겨워진 것일까. 어디서부터 이렇게 되었을까.

십대 후반, 이른바 고등학생 운동을 했을 때 나는 행복했다. 다른 친구들이 야간 자율 학습을 할 때 『태백산맥』을 읽고, 학생회 민주화를 촉구하는 유인물을 만들고, 선생님 몰래 화장실에 스티커를 붙이며 공부보다 더 중요한 일을 하고 있다는 생각에 뿌듯했다.

이십대 초반, 학생운동을 하며 최루탄 연기에 눈물·콧물 쏟아 내면서도, 형편없는 학점을 받아도, 흔하디흔한 해외 배낭여행 한 번 못 가도 좋았다. 미래에 대해 염려하지 않았다.

이십대 후반과 삼십대 초반, 농민운동을 했다. 농사를 지었다. 새벽부터 밤중까지 먹고살기 위해 지독하게 일했다. 인간이 24시간 동안 이토록 많은 일을 할 수 있다는 사실에 날마다 놀라웠다. 하지만 일을 하면 할수록 가난해지는 이상한 나라를 경험했다. 그때였나 보다. 깊은 절망에 빠져들기 시작한 것은.

저물어 가는 농업을 따라 내 삶도 저물어 가는 것 같았다. 내일이 보이지 않았다. 갈 곳이 없었다. 고립감, 지독한 외로움, 생활의 고통과

힘겹게 싸워야 했다. 더는 버티지 못할 만큼 힘들었을 때 뿔뿔이 흩어져 있던 사람들이 모였다. 우리는 서로 당신은 혼자가 아니라고 위로했다. 당신이 내게 힘이 되어 준 것처럼, 나도 당신에게 힘이 되겠다고 약속했다. 모든 것은 그렇게 시작되었다.

우리의 의원을 만들고, 우리의 대통령을 만들고, 우리가 우리의 나라를 만들자는 제안은 충격이었고, 유일한 희망이었다. 나는 선거를 통해 합법적 권력을 쟁취하려는 진보 정당에 모든 것을 걸기로 했다. 오로지 살기 위하여.

나의 삼십대는 민주노동당과 함께 보냈다. 늘 행복했다고는 못하겠다. 힘을 보태도 부족한 판에 내부는 언제나 복닥거렸다. 동지라 여겼던 이들과 또다시 '결별'해야 하는 상황으로 치닫는 것이 무엇보다 힘들었다. 우리가 결별해야 할 것은 동지가 아니라, '정파'를 통해 정치를 해왔던 시간들이다. 우리는 이제 노동자들의 군건한 지지를 바탕으로 대중적 진보 정당의 길로 가야 한다. 노동자 정당, 대중정당, 진보 정당. 이 모두가 우리의 미래다.

여기까지 왔다. 쉽지 않았다. 무척, 힘들었다. 나는 불과 얼마 전까지 통합진보당 최장기 근속 보좌관이었다. 나는 제자리에 있었을 뿐인데 소속 정당이 계속 바뀐다. 1백 년 가는 노동자 정당 하나 만들고 싶었다. 나는 그 꿈을 한 번도 버린 적이 없다. 앞으로도 힘겹지 않을 것이라고 보장할 수는 없다. 하지만 당당히 살고 싶다. 여전히 모든 것의 판단 기준은 '정의로운가'이다.

감라 웁살라에서 내 삶을 돌아봤다. 파노라마처럼 흘러간다. 자세히 보니 나의 삶이 아니라 우리 모두의 역사였다. 자동차 불빛만 아니라면 고대에서 벗어나지 못했으리라. 버스를 타고, 웁살라로 향했다. 21세기로 돌아왔다.

웁살라 시내를 쏘다녔다. 웁살라에는 스웨덴 왕들이 대관식을 했다는 오래된 성이 있다. 스웨덴에서 가장 오래된 파이프 오르간이 있는, 루터교의 총본산인 대성당도 있다. 젊음이 흘러넘치는 대학교와 오래된 성과 대성당이 나란히 있는 풍경은 쉽게 볼 수 있는 것이 아니다. 웁살라는 바쁘게 달렸던 스웨덴에서의 일정을 정리하며 생각을 추스르기에 적합한 도시였다.

비록 웁살라 성이 우리가 상상하는 뾰족탑이 있는 성이 아니라 교도소로 착각하기 쉬운 외형이고, 대성당은 공사 중이었으며, 대학생들의 활기찬 모습은커녕 '모습'을 보기도 어려웠다는 점은 예상과 어긋났지만 말이다. 여행은 늘 예측 불허다.

웁살라 성은 성 본연의 모습보다 바로 옆 요새에서 내려다본 웁살라 풍경으로 모든 것을 보상했다. 막 해가 지기 시작해 금방이라도 눈이 퍼부을 듯한 낮은 잿빛 하늘, 대성당의 첨탑, 웁살라 도시 전체와 저 멀리 눈 쌓인 벌판까지 한눈에 들어왔다.

눈물이 솟았다. 아름다운 풍경 때문이었을까. 내 옆에 있는 동료들 때문이었을까. 청춘 시절을 뜨겁게 달려온 사람들이었다. 진보 정당과 함께 아프고 성장했으며, 진보 정당의 내일을 위해 고민하고 행동해 왔다. 언제나 잘했다고 할 수 없지만 언제나 최선을 다했다. 그런 사람들이었다. 날것의 분노가 아직 살아 있는 사람들. 가슴속 뜨거운 열정

스웨덴에서 가장 오래된 파이프 오르간이 있는, 루터교의 총본산인 대성당도 있다.

움살라는, 바쁘게 달렸던 스웨덴에서의 일정을 정리하며 생각을 추스르기에 적합한 도시였다.

이 식지 않은 사람들. 이들과 함께 있다는 사실이 더없이 행복했다.

다시, 사람이다. 돌이켜보면 시작은 언제나 '사람'으로부터였다. 나는 그날 그곳에서 다짐했다. 평생 당신들과 함께하겠다고. 결코 이 길에서 떠나지 않겠다고.

복지국가 여행기
SWEDEN

15

한국, 다시 출발점에서

마냥 검박하고 조용하던 스웨덴에 자살 폭탄 테러가 발생했다. 우리가 스톡홀름에 머무르는 동안 일어났는데, 정작 그곳에 있을 때는 몰랐고 한국에 와서야 알았다. 이민에 관대한 스웨덴 사회이지만, 차별적인 시선을 느끼기도 했다. 이제는 노동정책 못지않게 이민자 정책에 얼마나 평등과 연대의 원리가 적용되는가에 스웨덴 사회민주주의의 앞날도 달려 있는 게 아닐까? 모든 게 완벽한 사회는 존재하지 않는다는 사실을 되새기는 한편, 그럼에도 여전히 스웨덴 사회에서 배워야 할 가치가 무엇인지를 헤아리다 보니, 어느새 한국, 월요일 아침이다.

이민자에게는 아직 먼 평등과 연대의 원리 ● 꾸밈없는 사회 [세금 없이 아파트 맞바꾸기] ● 복지국가 스웨덴을 떠나, 다시 한국으로

이 민 자 에 게 는 아 직 먼 평 등 과 연 대 의 원 리

스톡홀름 시내 중심가에는 직장인들을 위해 점심시간에만 정해진 메뉴를 저렴하게 파는 대중식당이 있다. 한번은 이런 식당들 가운데 한 곳에서 우리를 거절한 적이 있었다. 주변 직장인을 상대로 하는 작은 식당인 데다가 한창 바쁠 때 외국인 일곱 명이 우르르 들어갔으니, 단체 손님을 받기 어렵다고 할 수도 있겠다고 생각했다. 그런데 일행 중 몇몇이 동양인에 대한 차별적 대우라고 느꼈나 보다. 스웨덴 사람들의 문화와 행동거지를 잘 모르는 우리의 논쟁을 정리해 줄 유일한 사람이 통역이었는데, 그조차 상황을 정확하게 파악하지 못해 논쟁이 장시간 이어졌다.

자리가 없으면 기다리겠다는 제안도 야멸차게 뿌리치면서 무조건 안 된다고 손사래 치던 모습과 차가운 시선 등 '차별의 증거'를 자꾸 듣다 보니, '있을 수 있는 일'이라고 여기던 나도 슬슬 불쾌해졌다. 이민자에 대한 차별과 제재가 필요하다고 주장했던 스웨덴민주당이 지난 선거에서 의석을 획득했다는 사실을 떠올리니 더욱 그랬다.

스웨덴은 이민자 정책에서 자신의 정체성을 다시금 확인해야 할지도 모른다. 우리가 방문한 대학의 행인 서넛 중 한 명은 동양인이었다. 우리가 묵었던 민박집 근처 상가에서 마주친 이들 서넛 중 한 명은 아랍인이었다. 지하철역에서는 안산 공단에서 일했다는 카자흐스탄 여성을 만나기도 했다. 스웨덴 사회민주주의의 지속 가능성은 노동 정책이 아니라 이민자에게도 평등과 연대의 원리를 제도적으로 적용할지 여부에 달렸는지도 모른다.

나중에 서울에 돌아오니, 스톡홀름에서 폭탄 테러가 발생해 난리가 났다는데 괜찮았느냐고 사람들이 물었다. 뉴스라고는 스웨덴어로 된 신문에 실린 사진만 접할 수 있었기에 전혀 몰랐던 일이었다(이유는 모르겠지만, 당시 스웨덴 신문은 황태자 부부의 사진으로 도배되어 있었다). 알고 보니 우리가 방문한 기간에 스톡홀름에서 사상 최초의 자살폭탄 테러가 발생했고, 알 카에다 관련 웹사이트에는 "타이무르 압델와하브(테러범)가 순교 작전을 완수했다."라는 글이 게시되었다고 한다.

스웨덴은 전체 인구의 5퍼센트가 무슬림일 만큼 이슬람 이민자를 가장 많이 받아들인 유럽 국가에 해당한다. 테러 사건 직후 AP통신은 "열린 사회이자 가장 문화가 투명하고 이민자에 관대하던 국가인 스웨덴의 문이 조금씩 닫힐 것"이라고 예상했다. 폭탄 테러가 일어난 도시 안에 있었다는 사실보다 이 사건을 계기로 폐쇄적인 이민자 정책을 펼칠지도 모를 스웨덴의 미래가 마음을 무겁게 했다.

꾸밈없는 사회

그럼에도 현란한 간판이나 화려한 광고를 찾아볼 수 없는 스톡홀름의 거리는 이방인의 마음을 편안하게 했다. 가끔은 번쩍이는 네온사인을 모두 꺼버리고 싶은 충동마저 생기는 서울의 야경을 볼 때와는 사뭇 달랐다.

스웨덴 사람들의 의식주는 소박했다. 옷차림은 대부분 무채색 계열이었고, 젊은 사람들조차 차림새가 매우 평범했다. 유행하는 옷차림이나 헤어스타일도 없는 것 같았다. 시내 번화가를 다녀도 명품 가방을 들고 다니는 사람을 마주친 적이 없고, 하나같이 한국이었으면 재활용 가게에서도 받아 주지 않을 듯한 낡은 가방을 매고 있었다.

길을 물어보느라 말을 걸었던 노신사가 명함을 준다며 꺼내든 지갑은 1백 년 전 길드 시대의 장인이 만든 것 같았다. 낡힌 자국투성이에 너무 낡아 본래의 색이 무엇인지 알아보기도 어려웠다. 그는 보건 의료 관련 분야 연구소의 소장이었고, 꽤 큰 한국 의료법인의 초청으로 우리나라에도 몇 차례 다녀간 적이 있단다. 교환 연구원으로 근무했다던가? 대화를 나눌수록, 어쩌다 이런 사람에게 길을 물어본 건가 싶었다. 그의 차림새만으로는 짐작할 수도 없는 직업이었다. 사람을 외모로 평가한다고는 생각하지 않았는데, 나도 모르는 고정관념이 있었나 보다(하지만 그런 지갑에서 그런 직업이 적힌 명함이 나왔는데 놀라지 않을 한국 사람은 거의 없을 것 같다).

먹을거리도 소박하기 짝이 없었다. 스웨덴에 가면 스테이크를 실컷 먹을 줄 알았다. 나름대로 반도 국가이니 인근 바다에서 잡은 연어 정도는 저렴하게 먹을 줄 알았다. 하지만 이들의 주식은 감자였다. 날아간 스테이크와 연어 구이의 꿈. 다른 식당에 가도 메뉴는 비슷했다. 으깬 감자 또는 튀긴 감자 잔뜩, 짜디짠 베이컨 몇 조각, (스웨덴 사람들은 빵이라고 우기지만 아무리 봐도 비스킷에 가까운) '스웨덴식 마른 빵' 한 조각이 식사의 전부였다(어디에나 있던 마른 빵은, 먹다 보니 중독성이 있어서 귀국할 때 몇 봉지 사오긴 했다). 맛없고 칼로리 높은 식단을 상대하다 보니, 나중에는 사과 한 알과 호밀빵 한 조각만 있어도 진수성찬에 건강식 같았다. 이들에게는 아침으로 시리얼 또는 샌드위치, 점심으로 아침에 먹던 샌드위치, 저녁으로 집에서 간단히 차려 먹는 것이 일상이라고 한다. 외식 문화가 발달하지 않은 것도 당연하다.

스웨덴에서 먹었던 최고의 요리는, 역시 우리나라 사람의 손끝에서 나왔다. 한인 유학생 박사님이 집으로 초대해 마련해 준 '스웨덴 전통식'이었다. 생선 그라탱을 비롯해 삶은 계란, 청어 병조림 등 대여섯 가지의 요리가 나왔는데 크리스마스처럼 특별한 날에만 이렇게 먹는다고 한다. 글로 쓰니 뭔가 특별해 보이지만 유학 간 지 1년도 안 된 박사님이 차릴 수 있는 요리다.

물론 '최고의 만찬'이라는 수사가 민망하지는 않다. 맛보다는 우리를 초대해 줘서 고마운 마음과 스웨덴 사람들의 일상에 한 걸음 들어갔다는 기분에 더 들떴던 것은 확실하지만 말이다. 스웨덴 사람들이 먹는 데 많은 열정을 들이지 않는 것은 분명했다. 온갖 나물, 고기, 생선, 국, 찌개, 젓갈, 전 등이 휘황찬란하게 펼쳐지는 우리나라 한정식을 보면 어떤 반응을 보일지 궁금하다. 스웨덴 먹을거리에 대해 한마디로 말하자면, 맛없다. 돈도 벌 만큼 버는 사람들이 왜 이렇게 먹는데 관심이 없는지. 엥겔 지수는 아마 세계 최저가 아닐까 싶다.

주거 문화는 어떤가. 우리는 숙박비를 아끼기 위해 호텔에 묵지 않고 스웨덴 사람들이 거주하는 일반 아파트에서 민박을 했다. 비교적 따뜻하고, 구조도 좋고, 외관도 튼튼해 보였으나 엘리베이터가 너무 낡았다. 화물용 엘리베이터처럼 생겼는데, 문은 양옆으로 열리는 자동문이 아니라 앞으로 잡아당겨 여는 여닫이 방식이었다. 낡은 거야 그렇다 쳐도, 일주일 동안 머물렀는데 서너 번이나 층 사이에 멈추니 탈 때마다 불안했다. 게다가 이 오래된 아파트에는 경비원도 없었고, 관리 사무소는 찾아볼 수도 없었다. 엘리베이터가 멈춰 선들 비상벨을 눌러 봐야 아무도 안 올 것이 뻔했다. 경찰서와 연결되어 있지 않는 한.

아파트 주인집 아들에게 언제 지은 아파트냐고 물으니 1970년대에 건축되었다고 했다. 재건축이나 재개발하려는 욕구는 없느냐고 묻자, 황당하다는 듯한 시선이 돌아왔다. 멀쩡하게 사용하는 건물을 왜 다시 짓느냐는 것이다. '너무 진도가 나간 질문인가?' 하고 잠깐 생각한 뒤 엘리베이터 상태에 대해 물었다. 그랬더니 "좀 걱정되긴 하죠." 하더니만 멋쩍게 웃었다.

우리를 초청했던 한인 유학생의 집은 1960년대에 지어졌다고 했다. 어쩐지 계단이 몹시 가파르다 했다. 계단에 온 신경을 집중해 오르내리지 않으면 골절상을 입을 것만 같은 각도였다. 두 아파트 모두 앞으로 수십 년은 사람들이 계속 거주할 것으로 보인다. 재개발·재건축을 통해 부동산 가격을 높일 수 있다는 사실에 대해 끝까지 무지하기를 바란다. 이 사회에 바라는 것이 갈수록 많아진다.

시내 중심가 건물들도 대부분 1백여 년 이상 지났다. 건물 색상이 살구색이나 회백색을 띤 곳이 많아 이유를 물었더니, 애초 건물의 색상을 계속 유지하도록 법으로 정했다고 한다. 1백여 년 전 건물의 색상이 지금까지 그대로 지켜지고 있음은 물론, 건물 색이나 외관을 변경하기 위해 불필요한 지출을 할 필요도 없는 셈이다.

한편으로는 별걸 다 법으로 정한다 싶기도 하다. 얼마 전 스톡홀름 외곽 시스타Kista 지역에 사이언스파크라는 고층 빌딩이 들어섰다. 스웨덴 정보 통신 산업의 메카로, 미국 실리콘밸리에 이어 세계 2위의 IT 클러스터를 형성하고 있다.[1] 그런데 이 빌딩에 대해 '필요하다, 아니다'부터 '세련되었다, 흉물이다'까지 의견이 분분하다. 토론하기 좋아하는 나라 국민들답다. 들어간 비용만큼 가치가 있는지를 따지는 광경은, 겉모습보다 실용성을 중시하는 사회 분위기를 드러낸다.

지하철을 탈 때면 두꺼운 종이로 만들어진 광고판이 칸마다 붙어 있는 것을 볼 수 있었다. 실용성이 지나친 나머지 상품명·가격·전화번호를 싣는 것이 고작이었던 광고는 페레스트로이카 시절에 사용하던 것은 아닐까 싶을 만큼 촌스러웠다(디자인 강국이자 세계적인 디자이너들이 영감을 얻어 가는 나라라는데, 광고판은 그랬다). 지하철역도 동굴을 판 상태에서 타일을 붙이거나 미장을 하지 않은 채 바위를 그대로 노출시켰다. 그런 겉치레조차 불필요하다고 여기는 것 같다. 어쩌면 꾸민 것보다는 바위가 더 멋지다고 생각했거나.

세금 없이 아파트 맞바꾸기

밀리언 프로그램

1965년부터 10년 안에 주거 시설 1백만 채를 건설한다는 계획에 따라 실행된 것이 밀리언 프로그램Miljonprogrammet이다. 실제로 10년 이내에 1백만6천 채를 건설해 초기에 설정한 목적을 달성했으며, 이 시기에 만들어진 주택이 현재 주택 시장의 26퍼센트 정도를 차지한다. 밀리언 프로그램이 국회에서 통과되었을 때 집권당이었던 사민당 정부는 매년 10만 개의 신규 주거지를 확보하겠다고 약속했다. 하지만 밀리언 프로그램이 시행되고 나서 한두 해 동안은 약속한 물량을 채우지 못했는데, 그 결과로 1966년 가을에 치러진 전국 지방선거에서는 스톡홀름 코뮨을 비롯한 여러 곳에서 참패하기도 했다.

아파트 교환 문화

아파트 교환이 제도적으로 처음 허용된 것은 1968년이다. 지역이 서로 다르더라도 주택 규모와 가치가 비슷하면 바꿀 수 있다. 교환은 매매 행위로 보지 않기 때문에 양도세나 취득세를 납부하지 않는다. 임대 아파트는 물론 조합 아파트도 교환 대상이다. 교환 조건은 주택 소유 협회가 마련한 내부 규정을 적용하며, 법으로 인정된 교환권bytesrätt에 의해 거래 행위가 뒷받침된다. 규모가 다르더라도 맞춤해 교환하는데, 가령 큰 아파트 한 채와 작은 아파트 두 채를 교환하는 식이다. 아파트 교환을 돕는 민간 중개소가 있으나, 대부분 지역신문의 광고를 통해 개인적으로 해결한다. 스웨덴의 지역신문을 펼치면 '주택 교환'Bostadsbyte이라는 광고를 흔히 볼 수 있다. 교환에 문제가 생겼을 때는 주거권 협회와 상담해 해결책을 마련하기도 하는데, 이때 법률적 문제는 지방정부가 담당한다.

_『복지국가 스웨덴』, 258, 271~272쪽 참조.

복지국가 스웨덴을 떠나, 다시 한국으로

사람, 건물, 도로, 교통 시설 등 외형만 봐서는 국민소득이 4만 달러이고, 국가 경쟁력은 세계 3위에 최첨단 산업 기술을 보유한 나라라는 사실이 믿기지 않는다. 화려한 치장에 익숙해진 눈으로 보면 촌스럽고 투박하며 볼품없게 느껴질지도 모르겠다. 하지만 내 눈에는 오래된 것을 낡은 것으로 치부하지 않는 스웨덴의 면면이 기품 있게 보였다.

또한 스웨덴 사회는 한 사람이 많이 갖는 것보다 더 많은 사람이 공평하게 갖는 것을 중요하게 여긴다는 것을, 어디서 누구를 만나 봐도 느낄 수 있었다. "돈 많이 벌어 잘살면 좋지요."라고 말하던 민박집 청년도 "다 같이 잘살면 더 좋지요."라고 덧붙였다. 오죽하면 기업가 단체인 스웨덴경영자총연맹에서 "이제 스웨덴 사회도 부자가 되는 것을 허용해야 한다."라고 주장하겠는가.

스웨덴은 '연대 임금 정책' 및 '적극적 노동시장 정책'을 바탕으로 복지국가를 실현해 왔다. 연대 임금 정책을 통해 일정 수준의 기본임금을 보장하고, 임금의 안정성을 확보하며, 산업별 임금격차를 최소화함으로써 전체 노동자의 평등과 연대를 실현했다. 그리고 적극적 노동시장 정책을 통해 완전고용 및 생활 안정을 위해 새로운 일자리를 창출하거나 국가 차원의 직업교육을 실시하고, 무상 의료와 같은 복지를 강화했다.[2]

우리는 스웨덴 사회에서 무엇을 배울 것인가. 스웨덴은 전쟁을 겪지 않았다. 분단을 경험하지도, 외세로부터 수탈을 당하지도 않았다. 극심한 사회적 갈등을 해소하고 사회민주주의라는 사상적 조류를 확립한 지 70여 년이 지났다. 세계대전이라는 예기치 않은 상황 속에서 놀라운 경제 발전을 이룰 수 있었기에 공평한 분배에 집중할 수 있었다. 우리나라가 처한 상황과는 매우 다르다. 단 열흘간의 일정이었다. 오가는 시간을 제외하고 일주일 남짓한 기간에 스웨덴의 모든 것을 봤다고 생각하지 않는다. 사회민주주의가 우리 사회의 대안인지에 대해서는 더 많은 토론이 필요하다.

스웨덴에서 무상 의료·교육·보육, 부유세 정책 등이 좀 더 평등한 사회경제적 조건을 만드는 데 결정적인 영향을 미쳤음을 확인할 수 있었다. 그렇게 되기까지, 경제 영역에서 노동자가 사용자와 대등한 파트너십을 맺고, 정치 영역에서는 노동자들을 기반으로 한 사민당이 확고한 세력을 갖추었다는 점이 크게 기여했다. 노동자가 주요한 사회 세력으로 자리매김할 수 있는지가, 우리가 꿈꾸는 사회를 만들어 갈 수 있는지를 결정한다.

혁명은, 끝나지 않았다. 나는 평등과 연대의 복지국가를 꿈꾼다. 꿈은 평등하며, 함께 꾸는 꿈은 현실이 된다. 그것이 평등과 연대의 변치 않는 원리다.

12월 12일 새벽 5시. 출발할 시각이다. 택시를 타고 알란다 공항으로 갔다. 이메일 예약증만 가지고 있어서 표를 발권하려는데 모든 창구의 불이 꺼져 있다. 직원은 보이지 않았다. 이럴 줄 알았다. 입국 때도 모른 척하더니 출국 때도 알아서 가란다. 표는 기계에서 출력해야 했다. 좌석을 지정하라고 해서 좋은 자리를 골라 발권했는데, 나중에 비행기를 타고 보니 전혀 다른 좌석이다. 기계에게 놀림 받은 심정이라니. 귀국 길은 뮌헨 공항에서 환승해 인천공항으로 가는 여정인데, 스웨덴에 올 때보다 두 시간이 더 걸린다. 스웨덴과 한국의 시차도 있으니 이래저래 한나절의 시간이 버려진다. 내가 실제로 '산' 시간이 아닌데 이미 '살아 버린' 시간이 한나절이나 된다고 하니 불쑥 억울한 심정이 돋는다. 어쩌면 귀국하자마자 다시 시작될 일상에 대한 억울함일지도 모른다.

월요일 새벽 6시 30분. 인천공항에 도착했다. 한국이다. 열네 시간의 비행이고 시차 적응이고 간에, 지금 당장 출근해야 한다는 것이 한국에 도착했다는 사실을 실감하게 했다. 우리나라의 연간 실 노동시간은 2,316시간으로 OECD 평균보다 548시간 많다.[3] 오늘은 제발 야근만은 하지 않았으면 좋겠다.

주

1__ 주 스웨덴 대한민국 대사관 웹사이트(http://swe.mofat.go.kr).

2__ 주 스웨덴 대한민국 대사관 웹사이트.

3__ "일가정 양립정책의 문제점과 개선방안"(국회 입법조사처, 2009/12).